自由を考える

西洋政治思想史

杉本竜也

日本経済評論社

はしがき

　政治を動かすものは何なのか．政治の動因は多々存在するが，それらのなかでも有力なものは，変化を求める動きである．現実の政治を眺めてみると，多くの国の多くの時代において，変化が主張されてきた．それらの変化は，穏健なものもあれば，急進的なものもあり，時に人々をとまどわせ，時に歓喜させ，時に失望させた．また，変化の質も多様である．制度の変革といった外面的なものもあれば，価値観の転換を伴う変化もある．後者の場合，精神の変容を迫られることになるため，場合によって人々は激しい苦痛を味わうことになる．他者との摩擦をひき起こし，社会に分断がもたらされることもある．そして，今，私たちが直面しているのは，この価値観の転換を伴う変化なのである．

　1980年代後半から1990年代初頭に発生した旧共産主義諸国の体制崩壊によって，イデオロギー対立は終焉を迎えたはずであった．しかし，21世紀に入ってからまもなく四半世紀を迎えようとしている今，私たちは政治における価値観の変容とそれに伴う社会の分断を経験している．新たな価値観対立の時代を生きていかなければならない私たちに必要な作業は，価値をめぐる過去の営みを振り返ることである．政治はこれまで多くの変化を経験し，そしてその変化を乗り越えてきた．その営みを謙虚かつ冷静に見つめることが，新たな変化の時代である今を生きる私たちには必要となる．

　本書では，古代から現代にいたる西洋の政治思想の歩みを学んでいく．それにあたって注目していくのは，自由という規範概念である．政治思想はどの地域にも存在するが，西洋の政治思想の特徴は自由が主要な概念となっていることである．自由という価値こそが，西洋の政治思想を形作ってきた．私たちは，自由を考えることで，西洋政治思想史全体を俯瞰することができ

るのである．

　西洋政治思想史に関する教科書や研究書は，すでにすぐれた本が数多く世に出されている．本書の執筆にあたって，入手できる限りの類書に目を通し，そこから多くのことを学ばせていただいた．これはどの分野にも共通していることだが，研究というものは多くの先達の研究成果の上に成り立つものである．本書が過去の研究実績を十分に活用できている自信はないが，これらが存在しなければ本書が生まれなかったのは間違いない．この場を借りて，多くの政治思想研究者に敬意と感謝を表したい．

　シリーズの企画者である岩崎正洋先生には，本書を執筆する機会をいただいた．岩崎先生には，研究だけでなく，さまざまな場面で指導をいただいており，ここで心から御礼を申し上げたい．

　また，日本経済評論社の清達二氏と梶原千恵氏には，本書の執筆にあたってご面倒とご迷惑をおかけした．お詫びとともに，感謝をお伝えしたい．

　最後に謝意を示したいのは，家族である．一般的ではない経路で研究者になろうとした私に理解を示して支援してくれたのは家族であり，折に触れて適切な助言をしてくれたのも家族であった．家族の支えなしには，何ごともなしえなかっただろう．この場で心からの感謝を示したい．

　2021 年 11 月

杉 本 竜 也

目　次

はじめに

1. 政治における「事実」と「価値」

　政治思想史は，第一に，さまざまな思想家が提唱した政治思想や政治哲学を通史的に研究する学問分野である．第二に，政治的事象の思想的意味や意義を探究する学問分野である．つまり，政治思想史は，政治における「価値」に関する学問である．政治学は古代以来の歴史を有しているが，それは長い間，価値の学問であり続けた．

　しかし，20世紀に入ると，政治学は大きな変革の時を迎える．まず，アーサー・ベントレー（1870-1957）やチャールズ・メリアム（1874-1953）は，従来の政治学が制度偏重であることを批判した．続いて，1950年代，政治学は，デイヴィッド・イーストン（1917-2014）によって提唱された「行動論革命」を経験する．行動論革命は自然科学の手法を取り入れた政治学の確立をめざした運動であり，そこでは現実のデータが重視された．これらの動きを経て，政治学では実証的・計量的なアプローチが主流となっていく．このアプローチが基づくのは，「事実」である．価値的な考察を介入させるのではなく，自然科学と同様に事実を事実のまま分析する．行動論革命などをとおして，政治学は，文字どおり，「社会科学」（social science）という名に値する学問へと変化したのである．

　ところが，政治学は，再度大きな変化を経験することになる．なかでも大きなもののひとつが，アメリカの政治哲学者ジョン・ロールズ（1921-2002）の『正義論』（1971）とそれによってもたらされた政治哲学の復興であった．1960年代以降，アメリカはさまざまな社会問題に直面した．そのなかで，

事実しか取り扱わない政治学の限界が認識されるようになった．ロールズの政治哲学はそのような社会状況のなかで，政治における価値の重要性を研究者に再認識させた．では，なぜ，価値の問題が政治学において大切なのであろうか．

　たとえば，ここに貧しい人が存在していると考えてみる．貧しい人の存在は事実である．このひとつの事実に対して，「貧しい人が存在するのなら，支援しなければならない」と考える人もいれば，「貧困はその個人の過去の行為の結果なので，支援は不要である」と考える人もいるだろう．事実がひとつであるにもかかわらず，ここにはそのひとつの事実に対する相反する2つの考え方が存在する．この違いは，それぞれの人が重視する価値の違いから生じるものである．そして，この違いは，それぞれの人の政治に対する判断すなわち事実に還る．事実の判断や評価も，価値によって決定されているのである．

　行動論革命以来，価値を重視する政治学と事実を重視する政治学が，互いの優位性を争ってきた．しかしながら，事実に無縁な価値もなく，価値と無関係な事実も存在しない．私たちは，価値に基づいて思考して政治的判断という事実を生み出し，事実に基づいて政治的な価値規範を導き出している．

2．政治思想史の方法論

　政治思想史研究の中核は，「読む」こと，とりわけ長くその価値が認められてきた古典（classics）を読むという知的営為にある．その文字が表現していることとは異なり，古典とは単に古い本を意味する言葉ではない．古典とは，長い歴史のなかで人々の知的な吟味に耐え，その価値が認められてきた著作を指している．古典を読み，それについて考察するという知的な作業が，政治思想史研究の中心となる．

　政治思想史をはじめとする思想史研究の方法論は，大きく分けて2つ存在するといわれている．第一のアプローチは，対象となる著作（テクスト）に

深く入り込み，その著作の持つ普遍的内容を読み取る方法である．つまり，テクスト中心主義である．このアプローチに立てば，政治思想史は普遍的な真理を探究する学問ということになる．これに対して，第二のアプローチは，対象となる著作が書かれた政治的・経済的・社会的・宗教的背景といった文脈（コンテクスト）のなかで著作を理解しようとする方法である．つまり，コンテクスト重視主義である．このアプローチでは対象となる著作の外的条件が意識されることになるため，その著作の内容は書かれた時の状況の影響を強く受けたものとして受け取られることになるだろう．

　その他に，政治思想史研究では，読者の側の態度も問題にしなければならない．たとえば，特定の考え方を信奉する人とそれを否定する人では，同じ本を読んだとしても，その評価はまったく異なるものになるだろう．そのため，古典を読む際には自身の価値観や信条を常に省みる必要がある．

　同様に，現代の価値観や自身が奉じている信条で過去の政治思想を安易に断罪する態度も，政治思想研究としては問題がある態度である．

　また，政治思想史上の古典を読む際にしばしば見られる態度として，古典から何らかの教訓を学び取ろうとするものがあるが，これにも注意が必要である．たしかに，古典には後世の人間を教化する力がある．しかし，古典の内容をそのまま鵜呑みにして，そこから安易に道徳的教訓や人生訓を得ようとする姿勢は，政治思想史研究の方法論として不適切だといわざるをえない．

　現在，政治思想史の方法論に関する議論や研究はさかんに行われており，その内容は深化を続けている．他方，方法論に関する議論は複雑化する一方であり，むしろ政治思想史を学ぼうと志している人の意欲を削いでしまっているようでもある．

　では，私たちは，政治思想史をどのように学び，研究していくべきなのだろうか．意識しておかなければならないのは，政治思想研究という営みの限界を認識する必要があるということである．まず，どれだけ評価の高い著作であったとしても，著作というものはそれ自体がさまざまな限界のなかで書かれたものである．そこには時代的制約もあれば，その著者の能力的限界も

ある．同時に，それを理解する側も限界を抱えている．読解に関する能力的限界はもちろん，読者は自分が生きた時代の環境のなかでしか著作を読解することはできないという限界もある．つまり，さまざまな制約のなかで，私たちは読解・分析・考察・評価という知的作業を行わなければならない．当然，本書における政治思想家に対する評価も，同じようにさまざまな限界の上に成り立っている考察の結果である．そして，読者の理解も限界のなかの産物である．重要なことは，そのような限界を認識しながらも，可能な限り，誠実かつ真摯に古典に向き合おうとする態度である．

3. 「価値」としての自由

さて，再び，政治における価値の問題に戻ろう．

西洋政治思想において，最も重視されてきた価値は何であろうか．それは，「自由」（ギリシア語：eleutheria・ラテン語：libertas）である．そこで，政治思想史家である半澤孝麿（1933-）の議論を材料として，西洋政治思想における自由の意味について考えてみたい（半澤 2003：41-119；2006：28-61）．

半澤によれば，西洋思想における自由の根本原理とは，人間が肉体と精神の両面において独立しており，自己決定する主体でなければならないとする原理である．古代以来，西洋における自由の基本的な意味は，まず他者の意志や支配に隷属していないということにあった．古代から中世，場所によっては近代にかけて，ヨーロッパ世界には奴隷制が存在していた．奴隷とは，何ものかに隷属している（隷属させられている）人間を指す．奴隷には，主体的な意志決定や行動は認められていない．反対に，「自由人」とされた人には主体性は認められているが，同時にその自由に見合う責任を担うことが求められるため，一定の倫理的規範が課されるようになる．主体性は，責任の概念と表裏一体である．自由な人間は自らの意志で何らかの行為を行えば，そこには必ず何らかの評価が伴い，その責任が問われる．ここに自由の倫理的性格すなわち「規範的力」（moral force）が顕在化してくるのである．

　さらに，半澤は，「状態としての自由」と「能力としての自由」を区別している．前者は，主体としての個人が他の何ものかに隷属していないという具体的な状態を指す．後者は，自由な状態にある主体が自らの意志に基づいて行動する能力を意味する．重要になってくるのは，能力としての自由である．本来的に自由である人間は，能力としての自由を利己的に行使することができる．それにもかかわらず，あえてそのように振る舞わず，公共的見地や道徳的見地，そして宗教的規範に則って能力としての自由を適切に行使する点に人間の高貴さがある．このような自由に関する理解を，「自由意志」(liberum arbitrium) という．

　自由意志については長い議論の歴史がある．教父アウグスティヌス (354-430) は，意志の選択が悪と結びついていない時，人間は真に自由であると考えた．マルティン・ルター (1483-1546) とデジデリウス・エラスムス (1466-1536) は，神の救済における自由意志の必要性をめぐって神学論争を行った．自由意志は，現代哲学でもさかんに議論されている主題である．たしかなことは，西洋社会や西洋の政治思想の伝統において，自由や自由意志といったものが特別な意味を有していたことである．自由は政治的概念にとどまるものではなく，人間という存在と人間社会全体に関係する規範概念なのである．

　しかしながら，自由は捉えがたい概念である．というのも，自由に関する議論がさかんに行われていくにつれて，その意味が膨張していったからである．つまり，自由には多義的な性格がある．

4.　3つの自由概念

　イギリスの政治哲学者ジョン・グレイ (1948-) は，「近代西洋の伝統において，詳細に展開されたあらゆる政治理論の核心に，自由の観念が存在している」と述べている（グレイ 1987：3）．西洋政治思想史に登場する思想家の多くが，自由を最も重要な価値として評価をしてきた．一部に自由に対して批判的な思想家も存在するが，そのような思想家にとっても自由が重要な検

討課題であったことに変わりはない．西洋政治思想において，自由は通奏低音であった．

　本書では，西洋に登場した自由に関する概念を，「政治的自由」「個人的自由」「社会的自由」の3種類に分類して考察していく．

　第一の政治的自由とは，各人が抱いている特定の政治的理念の実現をめざして政治に参加している状態やそのための権利が享受できている状態を指す．

　第二の個人的自由とは，個人が他者に従属・隷属していないことを前提として，個人の自立ないし自律が実現されている状態やそのための権利が享受できている状態を指す．

　第三の社会的自由とは，個人の自由と社会的安定の両立を図るために，国家に代表される公的存在が適切な介入を行い，その両立が実現されている状態もしくはそれがめざされている状態を指す．

　西洋政治思想では，これらの自由概念が構想され，現実の政治において実現がめざされ，政治的スローガンとしても主張されてきた．これらの自由概念は，必ずしも同じ方向性を向いているわけではない．たとえば，特定の理念の実現をめざす政治的自由は，個人としての人間の自由を主張する個人的自由と衝突する可能性がある．しかし，その一方で，政治的自由の実現には，個人的自由が不可欠である．また，社会的自由の実現にとっても，個人的自由の保障は必須である．このように，これらの自由概念は，時に対立しながら，時に融合しながら，西洋の政治思想を形作ってきた．本書では，これらの3つの自由概念に基づきながら，それぞれの政治思想家がどのように自身の自由概念を形成していったのか考えていく．言い換えれば，本書は自由の歴史をたどる著作となっている．読者には，自由の意味や意義，自由という概念が政治に与えた影響，そして何より今を生きる私たちが自由を享受することができているのか，自由を適切に行使しているのか，本書をとおして考えてもらいたい．

第1章
古代ギリシア・ローマの政治思想

1. プラトン

(1) ポリスの政治学

　一般に，西洋政治思想の歴史は，古代ギリシアから始まる．というのも，西洋政治思想史では，古代ギリシアに西洋政治社会のモデルがあると理解されてきたからである．

　古代ギリシアの人々が自身の政治体制の独自性を認識するようになったのは，前500年に発生したペルシア戦争であった．ギリシアでは，前8世紀頃より人々の集住が進み，「ポリス」（polis）と呼ばれる都市国家が数多く形成された．代表的な都市国家であるアテネを例に挙げると，ポリスは自由で平等な市民によって構成されていた．20歳以上の市民は民会（ekklēsia）に集い，公的な事柄について議論を行った．同時に，ポリスが対外的危機に直面した時には，彼らは一致団結して，その防衛に尽力した．つまり，自由で平等な市民が言論と防衛によって結び付くことによって，ポリスという政治共同体は成立していた．これは，近隣の大帝国であったペルシアとは対照的な政治・社会体制であった．ペルシアの統治者が王だけであったのに対し，ギリシアのポリスではすべての市民が等しく統治者であり，かつ被治者であった．ペルシア戦争時，アテネの指導者ペリクレスは，戦死者の追悼演説のなかで，アテネの政治が「政治責任が少数者に担われることなく，多数者の間に行き渡っているところから公民統治（dēmokratia）と呼ばれる」（トゥキ

ュディデス 2013：上，154-5）と述べ，アテネで民主政が行われていること
を誇っている．自由で平等な市民による統治すなわち民主政は，古代ギリシ
アの人々にとって誇るべきことであった．そしてペルシア戦争に勝利するこ
とによって，ギリシア人は自身の政治体制の優位性を確信するにいたったの
である．

　もっとも，このアテネのポリス政治を過度に理想化する政治思想観は，現
在見直しを余儀なくされている．何より，このポリスは差別的で排他的性格
を有していた．女性は公的領域から排除されており，奴隷制も存在していた．
在住外国人に対する明確な区別も存在していた．いわば，ポリスは，きわめ
て同質的な共同体を意識的に形成することによって，政治共同体を維持して
いたのである．それでも，現代的観点では問題の多い古代ギリシアのポリス
であるが，他の古代文明の多くがペルシアのように単独の王による王政とい
う垂直的な政治体制を採用していたのに対して，ポリスにおいては他の文明
と比較して水平的な政治共同体が構成されていたのは確かなことであり，そ
のため事あるたびに西洋政治思想ではポリスの政治が理想的に語られること
になる．

　しかし，アテネとスパルタとの対立に端を発するペロポネソス戦争が前
431 年に始まると，アテネの民主政は混乱を始める．そのような状況下でさ
らに社会を不安定にしたのが，ソフィストと呼ばれる弁論術の教師たちの存
在であった．言論によって支配されていたアテナイにおいて地位を獲得する
ためには，弁論に長けて，他人との議論に勝利することが必要であった．そ
こでは哲学的な真理は脇に置かれ，詭弁を弄してでも議論に勝利することが
求められた．そこにソフィストの需要が存在した．「万物の尺度は人間であ
る」と説いたプロタゴラス（前 480 頃-410 頃）はその典型である．このよう
な議論のための議論が幅を利かせるようになると，言論社会であったアテナ
イは大きく動揺するようになる．そのようななかで登場したのが，ソクラテ
ス（前 469-399）であった．

　当時，ソクラテスもソフィストのひとりとして見なされていたが，その主

張は他のソフィストとは大きく異なっていた．ソクラテスが主張したのは，「魂への配慮」すなわち「善く生きる」ことであった．彼は，権勢の増大や財産の増加，地位の上昇を目指すのではなく，自らの魂が正しく，健全であることの大切さを説いた．しかし，ソクラテスは，青少年を悪しき道へと誘ったという罪状で死刑を宣告され，自ら毒杯をあおる．ソクラテスの死刑判決は，ポリスにおける正式な手続きに則って下された．いわば，彼は，民主政によって死に追いやられたのである．ソクラテスの弟子プラトン（前429-347）は，師の刑死を経験して，既存のポリス政治に対して批判的な政治思想を形成していく．

（2）　民主政批判者としてのプラトン

　古代ギリシアを代表する哲学者であるプラトンだが，彼が展開した政治思想にはアテネの民主政に対する厳しい批判が込められていた．その最大の理由は，やはり師ソクラテスの刑死にあった．正しいことを主張していたソクラテスが，民衆裁判所において死刑を宣告されたという事実は，民主政に対するプラトンの見方を決定的に悪化させた．アテネの名門家系に生まれ，元々は現実政治に強い関心を示していたプラトンだが，ソクラテスの死の後は教育に重点を移し，前387年にアカデメイア（Akadēmeia）という学校を設立した．60歳の時，招きを受け入れて，シラクサに赴き，一時的にその政治に関わることもあったが，失敗に終わる．その後はもっぱら教育活動と研究活動に注力し，前347年に80歳で生涯を閉じたといわれている．

　プラトンの政治思想の内容を正確に把握することは難しく，長く議論の対象とされてきた．それは，プラトンが自身の著作の大半を対話篇という形式で著し，その登場人物として自らではなく，師ソクラテスを登場させているからである．ソクラテス自身はひとつの著作も残さなかった．そのため，プラトンの著作のなかのソクラテスの言葉がソクラテス本人の考えなのか，それともプラトンの思想を反映したものなのかをめぐる議論が長く行われてきた．現在，一般に，『メノン』以降のプラトンの著作は，彼自身の考えに基

づいていると考えられている.

(3)　プラトンの存在論：イデア論

　プラトンの存在論の中核は，特に中期に展開された「イデア」(idea) 論である．イデアとは，さまざまな存在の本質を指す概念である．たとえば，ここにひとつの物があるとしよう．しかし，私たちの目の前にあるその物は，その存在の仮象（仮の姿）に過ぎない．目で見たり，手で触れたりして認識しているものは仮象であり，このような感性によって認識されたものをプラトンは臆見 (doxa) と呼んでいる．対して，その物の本質であるイデアは天界にある．そして，このイデアを認識するためには，それを想起 (anamnēsis) する必要がある．想起の能力を養うのが，哲学である．つまり，哲学を修めた人間のみが，イデアすなわち存在の真の姿を認識することができる．

　プラトンの考えでは，この世界のものに高級なものがあるように，その本質であるイデアにもより尊いものがある．ソクラテスの教えを受けたプラトンにとって，すべてのもののなかで最も尊いものは善である．よって，最も崇高なイデアは，善のイデアである．この世界は，善のイデアを頂点とする階層的な構造を有している．

　また，プラトンは，人間は魂と肉体で成り立っているという霊肉二元論を採用した．人間は魂をとおして天界のイデアを正確に認識する能力を持っていたが，肉体を持ったために存在の本質を認識できなくなってしまった．プラトンにとって，肉体は真の認識を妨げるものでしかない．人間は，何もしなければ，イデアを認識することは不可能である．そのような人間がイデアを認識する能力を涵養するために必要なものが，幾何学をはじめとする数学や天文学，音楽，そして何より哲学の教育であった．資質を持った者が適切な教育を受けることによって，人間はイデアを正確に認識できるようになる．プラトンの存在論は，教育論と直結していた．

　また，このようなイデア論から，哲学者による統治いわゆる哲人政治という構想が生まれることになる．ポリスにおいて正義に適った政治を行うため

には，善のイデアを正しく認識できる者による統治が必要になる．しかし，そのような能力をすべての人が身につけることは難しい．そのため，プラトンの考える理想の統治は，徹底したエリート政治の性格を持っている．

(4) 『国　家』

プラトンの政治思想を代表する著作である『国家』の主題は，「正義」（dikaiosynē）である．プラトンの思索のきっかけがポリスの決定によるソクラテスの刑死であったことを考えれば，彼の政治思想が正義を問うものになったのは不自然なことではない．ソクラテスは，アテネの民主政において正義が失われ，誤った価値があたかも正しいことであるかのように重視されたために排除された．そのため，プラトンの政治思想において正義を考察することは，国家すなわちポリスの民主政について考えることと直結していた．

プラトンの考える理想のポリスは，3つの階層によって構成される．第一の階層は経済階層であり，大多数の市民がこの階層に属し，文字どおり経済活動に従事する．第二の階層は補助者階層であり，ポリスの防衛を担当する．そして，第三の守護者階層はポリスを指導し，統治行為を担う．守護者階層は最上位に位置する指導者階層だが，その地位に安穏とすることはできず，厳しい身分的制約を受ける．この階層の人々は家族を持つことや財産を私有することが認められず，ポリスの指導に集中することが求められている．なお，この階級制は世襲制を原則としておらず，その人間の能力によって所属する階級は決定される．

これらの3階層は，人間の魂の区分に対応するものになっている．人間の魂も，3つの部分で構成されている．第一の部分が，善について熟考する理知的部分である．第二の部分が，善悪の観念は持っているが，思慮に欠ける気概的部分である．第三の部分が，善悪の観念が欠如した欲望的部分である．これらのそれぞれが，守護者階層・補助者階層・経済階層に対応しており，人間とポリスの類比が成り立っている．

また，プラトンは国制論も展開している．彼が考える最善の政治体制は，

「優秀者支配政」である．これはイデアを認識する能力を備えた哲人による統治である．正義が最も実現されているのは，この段階での統治である．しかし，プラトンの考えによれば，国家は堕落の道をたどることになる．まず，優秀者支配政が不完全な形で現れた政体としての「名誉支配政」(timo-kratia) が登場する．これは具体的には，軍人統治を指している．そこでは暴力的な支配が横行し，民衆はその支配に苦しめられることになる．次の段階が，「寡頭政」(oligarchia) である．この国制は豊かな人々による少数者支配であるため，大多数を占める貧しい人々からの不満を買う．その不満を受けて，結果的に多数者による支配である「民主政」(dēmokratia) が成立する．この政治体制では，「人々は自由であり，またこの国家には自由が支配していて，何でも話せる言論の自由が行き渡っているとともに，そこでは何でも思いどおりのことを行うことが放任されている」(プラトン 2008：下，227)．この記述から受ける印象では民主政は善政のようだが，プラトンの考えではこれは欲望が解放されている状態に過ぎず，民主政は悪政に含まれる．そして，民主政はその政治の混乱のために，最悪の国制である「僭主政」(tyrannis) を生み出す．僭主とは正統性を有していない統治者のことであり，僭主政はその人物による恣意的な政治を意味している．そのような状態が，人々にとって幸福な状態であるはずがない．

　プラトンの国制論のなかで興味深いのは，やはり民主政に対する評価である．民主政は，いわば個人的自由が実現されている政体である．しかし，プラトンにとって個人的自由は放縦を意味しており，それを特質とする民主政は欲望の政体に他ならなかった．さらに問題なのは，民主政が最悪の政体である僭主政を生み出すことである．プラトンはいう．「最高度の自由からは，最も野蛮な最高度の隷属が生まれてくるのだ」(プラトン 2008：下，247)．つまり，プラトンにとって，個人的自由によって特徴づけられる民主政は，放縦が幅を利かせ，僭主政を招く，否定すべき政治体制であった．

　では，プラトンは，政治的自由を認めていたのであろうか．ポリスの政治は，自由で平等な市民の政治的自由の上に成立している．つまり，政治的自

由は，古代ギリシア政治を特徴づける要素である．しかし，プラトンは，そ
れを認めていない．徹底したエリート主義に立ち，各人の能力と適性による
階層的秩序に基づいた国家像を描き，統治者を厳密に制限したプラトンは，
多くの市民の政治的自由の行使を容認しなかった．

　プラトンによる厳しい民主政批判の根底にあるのは，師ソクラテスの刑死
である．プラトンの政治思想は，民主政に対する根深い不信によって特徴づ
けられる．哲人政治といった非現実的な政治構想も，アテネの民主政に対す
る不信感と表裏一体のものということができる．後年，プラトンの政治思想
は多少現実性を帯びることになるが，民主政に対する不信は変わらなかった．

　プラトンの政治思想は，西洋政治思想史と政治哲学の始原である．政治と
いうものを理論的に考察し，自身の考える理想の政治構想を提示するという
政治思想のパターンを最初に作ったのがプラトンであった．彼によって，私
たちを含む後世の人間は，政治現象の実態の把握が容易になっただけでなく，
それを適切に批判し，新たな政治を構想することが可能になった．

　また，プラトンは，理想主義（idealism）の最初の提唱者でもあった．た
だ，理想は常に現実との乖離が問題になる．イデア論にしても，哲人政治に
しても，その内容は非現実的なものにとどまっている．非現実的なものを現
実に適用しようとする時，それはしばしば強制的で抑圧的な様相を呈する．
理想主義それ自体は否定すべきものではないが，それが暴力を必然的に伴う
政治の領域で追求された時の危険性は意識されてしかるべきである．そのた
め，理想主義的なプラトンの政治思想は，後の時代にたびたび批判されるこ
とになる．

2.　アリストテレス

(1)　アリストテレスの存在論

　アリストテレス（前384-322）は，元はアテネの人間ではない．マケドニ
アに近い地域に生まれ，17歳の時にアテネに出てプラトンのアカデメイア

に入学し，約20年間そこで学問に励んだといわれている．師プラトンの死後，マケドニアに招かれて，若き日のアレクサンドロス大王の教育係を担当したこともあった．アテネに帰還した後はリュケイオン（Lykeion）という学校を創設し，学生の教育に注力した．しかし，アレクサンドロス大王の死後，マケドニアに反発する風潮が強まると，そこと関係が深かったアリストテレスにも疑惑の目が向けられるようになり，彼はアテネを立ち去る．そして翌年，母方の故郷であるエウボイア島で死去したといわれている．

アリストテレスは，「万学の祖」と呼ばれている．彼は，リュケイオンでの教育活動をとおして，論理学や生物学，倫理学，そして政治学など，さまざまな学問分野にわたって業績を残している．数学などを重視して抽象的な理論を構築していったプラトンに対して，アリストテレスは自然学の研究をとおして経験的な学問の方法論を用いた理論を組み立てていった．この違いが如実に現れているのが存在論である．

アリストテレスによれば，事物は「質料」（hylē)・「形相」（eidos)・「起動」（archē)・「目的」（telos）という4種類の原因・要素によって生成されている．質料は，事物の素材や材料である．形相は事物の本質であり，いわばその設計図に該当する．起動はその事物の始まりのことであり，目的は文字どおりその事物が存在する目的を指す．プラトンの存在論がイデアという単独の本質に基づく静的なものであったのに対して，アリストテレスのそれは質料・形相・起動・目的という4つの原因が有機的に組み合わされることによって事物の生成が生じるという動的なものになっている．

これら4つの原因のなかでも注目すべきものは，形相である．形相は存在の生成のもとになる原因であり，存在の本質のようなものである．その点では，これはプラトンのイデアとも類似している．形相はどのような事物にも含まれており，有機物だけでなく，無機物にも存在するが，その程度は高くない．人間は，肉体という質料を必要とする形相である．一方，神は質料を必要としない形相であり，不動の「第一の動者」（アリストテレス 1959：上，152）である．そのため，アリストテレスの存在論は，質料を持たない形相

である神を頂点として，形相の程度の高低によって事物が秩序づけられる階層的な構造を持っている．存在とはその形相が現実化したものであり，事物の成長はその現実化の過程である．アリストテレスの存在論は事物の本質を追究するものであると同時に，その変化や発展の過程に注目する動的なものになっている．

(2)　理論学・実践学・制作学

アリストテレスは，学問の種類を3つに分けている．第一の学問は「理論学」(theoretikē) であり，これは研究する者によって変化させることができない対象について純粋で厳密な観察や論証を行う学問である．数学や自然学，そして神学がこれに該当する．第二の学問は「実践学」(pratikē) であり，知識の習得をとおして対象のあり方に変化をもたらすことが可能になるような学問を指す．これに含まれるのが，倫理学や政治学である．第三の学問が，「制作学」(poiētikē) であり，これは可変性を有する素材に対して手を加えることによって事物を変化させる方法を学ぶ学問であり，修辞学や詩学，医学がこれに含まれる．

これらのうち，政治学や政治思想史を学ぶ者が注目すべきものは，やはり実践学である．実践学の特徴は，それに含まれる倫理学と政治学が，連続的かつ一体的に捉えられていることである．実践学で習得するものは，「知慮（思慮）」(phronēsis) である．アリストテレスによれば，知慮とは，「人間的な諸般の善に関しての，ことわりがあってその真の失わない実践可能な状態」(アリストテレス 2009：上，293) を指す．つまり，人間の現実的な生において，適切に善を行う能力のことである．重要なことは，この知慮というものが自分だけでなく，自分も含めた共同体全体としてのポリスの善とも関係していることである．つまり，個人にとっての善とポリスという政治共同体の善は一致しており，知慮も同様にこれらに共通して必要な知的能力として，その必要性が主張されている．そのため，個人の倫理的問題を扱う倫理学と理想のポリスを考える政治学はいずれも，知慮を求める点で一致してい

るのである.

(3) アリストテレスの倫理思想

『ニコマコス倫理学』は,「いかなる技術,いかなる研究も,同じくまた,いかなる実践や選択も,ことごとく何らかの善(agathon)を希求していると考えられる」(アリストテレス 2009:上,17)という文章から始まる.ここで明確に示されているように,人間の生のすべては善を志向している.では,アリストテレスのいう善とは何を指しているのであろうか.

アリストテレスによれば,善とは,「人間の卓越性(aretē)に即しての,またもしその卓越性がいくつかある時は最も善き最も究極的な魂の活動」(アリストテレス 2009:上,41)のことである.卓越性とは,言い換えれば徳を指す.人間は,その固有のものである「理性」(nus)の働きをとおして,適切に情念を統御する.理性に基づく人間のこのような行為が,卓越性すなわち徳として位置づけられている.そして,この徳は,「習慣づけに基づいて生ずる」(アリストテレス 2009:上,69).つまり,人間の徳は,「中庸」(mesotēs)をめざす日々の実践のなかで錬磨されるものである.そして,人間が目指すべき最終的目標は,「幸福」(eudaimonia)とされる.そのため,徳の実現をめざして,日常的に適切に理性を機能させるという人間の営みこそが,人間の幸福ということになる.しかし,幸福はひとりの人間では実現されない.なぜなら,日々の実践には他者の存在が不可欠であり,人間はポリスという政治共同体のなかで生きている存在だからである.いわば,アリストテレスの倫理学は,政治学をもって完成するのである.

(4) アリストテレスの政治思想

アリストテレスにおいては,政治はきわめて倫理的な行為であった.人間は,「自然に国〔本書著者注:ポリス〕的動物(zoon politikon)である」(アリストテレス 1961:35).そして,「国〔本書著者注:ポリス〕の目的は善く生きることである」(アリストテレス 1961:145).つまり,人間は,善を志

向するポリスという共同体のなかで日常的に政治的実践を繰り返すことをと
おして，徳を身につけ，善をそなえた存在へと成長していく．そのため，ポ
リスは政治的共同体である以上に，人間（市民）の徳の教育を担う教育機関
であり，規範的・教育的役割を期待された共同体であった．

　さて，プラトンと同様に，アリストテレスも政体論を展開している．アリ
ストテレスは，その政体が公共性に合致しているか否かという判断基準と，
単独者支配・少数者支配・多数者支配という分類を組み合わせて，6 種類の
政体を構想している．公共性に配慮した政体のうち，単独者支配が「王政」
（monarchia），少数者支配が「貴族政」（aristokratia），そして多数者支配が
「国制」（politeia）である．反対に，自身の利益のみを追求する，公共性に
欠けた政体のうち，単独者支配は「僭主政」（tyrannis），少数者支配は「寡
頭政」（oligarchia），そして多数者支配は「民主政」（dēmokratia）である．
ここでも，プラトンと同様に民主政は悪い国制に分類されているが，それは
問題のある国制のなかでは穏当なものとされている．アリストテレスは，
「多数は，そのひとりひとりとしてみれば大した人間ではないが，それでも
一緒に寄り集まれば，ひとりひとりとしてではなく，寄り集まったものとし
ては，かの人々〔本書著者注：寡頭制などの支配者〕より優れた者でありえる
のだ」（アリストテレス 1961：147）と述べている．プラトンは，ソクラテス
を死に追いやった民主政に対して厳しい評価を下していた．これに対して，
アリストテレスも民主政が問題のある政治体制であることは認識していたが，
民主政の特質である多数者支配の長所も理解していた．

　アリストテレスは，現実には各政体が単独で確立されるとは考えていなか
った．現実の政体は，複数の政体の性格をあわせ持ったものになると考えて
いた．実際に成立可能な政体のなかで最善のものは，豊かな少数者による統
治である寡頭政と貧しい多数者による統治である民主政を合わせた混合政体
であると考えた．混合政体は異なる性格を持つ政体を複数組み合わせること
によって，それぞれの欠点を抑制し，一方で長所を伸ばすことによって最適
化を図る政治体制である．アリストテレスによって提唱されたこの政体観は，

後世のヨーロッパ政治思想に強い影響を及ぼし，理想化されていく．

　アリストテレスの政治思想の特徴は，何よりも現実性と規範性の融合にある．規範性の追求は，非現実的な理想主義に陥りやすい．アリストテレスは，現実の政治体制を全否定することなく，そのなかで政治における徳を可能な限り追求した．それは，すべての存在が持つ生成のダイナミズムを肯定しながら，一元的な階層秩序に位置づけることによって可能となった．その結果，政治をはじめとする現実のさまざまな領域で規範性を追求することができるようになったのである．

(5)　古代ギリシアにおける自由

　古代ギリシアの人々にとって，民主政は誇るべき政体であった．ペルシア戦争は，それを主張するために戦われたといっても過言ではない．これに対して，プラトンは，民主政を厳しく批判した．プラトンほど厳しくはないものの，アリストテレスもまた，民主政を悪い政体に分類した．古代ギリシアの政治的伝統と古代ギリシアを代表する哲学者たちの民主政に対する評価の溝は，どのようにして生じたのであろうか．いずれも，民主政が自由を特質とした，多数の市民による政治体制であると認識していたことは違いない．問題は，ギリシアの政治的伝統とプラトンたちとの間で，自由の意味とそれに対する評価が異なっていた点にある．ペリクレスに代表される古代ギリシアの政治的伝統においては，民主政は市民の自由の健全な発露であった．市民は個人的自由と政治的自由を享受し，自由かつ平等にポリスの公的実践に関与していると考えられていた．これに対して，プラトンやアリストテレスは，自由を無軌道や放縦と理解した．

　ただ，プラトンとアリストテレスの間の考えの差も大きい．プラトンは，自由を放縦や放埒と同一視し，その延長線上に民主政を考えている．必然的に，民主政に対する評価は厳しいものになる．しかし，これは自由の極端な理解といわざるをえない．このような結果から導出される自由に関する見解は，個人的自由も政治的自由も認めないという態度である．これに対して，

アリストテレスは，人間はポリス的動物と定義することによって，個人的自由と政治的自由を徳に直結させた．つまり，公共性に対する配慮があれば，個人的自由と政治的自由の両立と発展が可能であることを説いた．そのため，アリストテレスは，民主政を全否定する必要がなかった．

　しかしながら，全体的な傾向として，西洋政治思想において，民主政はマイナスの政治概念として理解されていくことになる．この評価が好転するには，19 世紀まで待たなければならなかった．

第2章
中世社会とキリスト教

1. ヨーロッパ封建社会とキリスト教

(1) キリスト教の成立とその発展

　古代ローマが帝政に移行して間もない頃，その統治下にあったパレスチナの地でキリスト教が誕生した．パレスチナではユダヤ人によって信仰されていたユダヤ教が有力であったが，しだいに律法主義が強まっていった．そのようななかで，律法や祭祀の形式以上に神の愛と隣人愛の重要性を主張したのが，イエス（前7頃もしくは前4頃-後30頃）であった．

　イエスの存在とその主張はローマ帝国や当時のユダヤ教指導層にとっては危険なものであり，最終的にイエスは十字架に架けられて処刑された．しかし，イエスの死は弟子や信奉者たちによって特別な意味が与えられることになる．それは，イエスの死は人間の罪の贖いであるという信仰である．つまり，イエスは自身がひとりで死ぬことによって，人類が抱えた罪をかわりに償ったという信仰である．さらに，そこにイエスの復活信仰が加わる．罪の贖いで死んだはずのイエスの復活は，罪に対する勝利を意味した．このような独自の解釈によって，キリスト教はユダヤ教から独立した別個の信仰へと変化していく．

　イエスの死後，キリスト教は，イエスの弟子や信仰者らによって熱心な布教が行われた．とりわけ，パウロ（？-後60頃）は神学的にも大きな貢献を果たし，イエスの贖罪信仰を徹底した上で理論化し，さらにユダヤ人以外

の人々の救済可能性も切りひらいた．その結果，キリスト教は急速な勢いで，ローマ帝国内に浸透し，3世紀頃までには下層階級の人々を中心に多くの信者を集めることになる．しかしながら，キリスト教はその間，度重なる弾圧を受け，なかでもネロ帝やディオクレティアヌス帝からは厳しい迫害を受けた．それにもかかわらず，キリスト教信者の数は増え続け，ついにキリスト教は313年にコンスタンティヌス帝のミラノ勅令によって公認される．そして，392年には，テオドシウス帝によって唯一の国教と定められる．

　ローマ帝国時代の末期に入ると，各地の教会のなかでもローマ・コンスタンティノープル・エルサレム・アレクサンドリア・アンティオキアの5つの教会が有力な地位を占めるようになる．コンスタンティノープル教会はビザンツ皇帝膝下の教会であり，皇帝が教会の長を務める「皇帝教皇主義」（Caesaropapism）を採用していた．これに対して，ローマ教会は，西ローマ帝国崩壊後，ビザンツ皇帝やコンスタンティノープル教会の影響力の排除を試みるようになり，6世紀の教皇グレゴリウス1世はゲルマン人への宣教を強化してビザンツ勢力からの自立を図った．726年にビザンツ皇帝レオン3世が聖像禁止令を発布すると，東西教会間の亀裂は決定的なものとなる．これ以後，ローマ教会はゲルマン勢力であるフランク王国との関係を深めるようになる．800年，教皇レオ3世は，フランク王国のカール（カール大帝，シャルルマーニュ）に対してローマ皇帝の冠を与える．そして，1054年の東西教会の相互破門によって，キリスト教は完全に分裂すると，現在にいたるローマ・カトリック教会が確立されることになる．

　キリスト教の特徴は，絶対性と唯一性と普遍性にある．神は万物の創造主であり，絶対的存在である．何ものも対等になりえない存在であり，だからこそ唯一的存在でもある．また，絶対的で唯一的な神が統治する世界だからこそ，そこに普遍性が顕れてくることになる．

　このキリスト教の政治思想史的意義は，第一に，各地域やその文化や風習，また世俗の諸権力を超越した普遍的規範秩序を確立したことにある．超越的な宗教的価値は，そのまま超越的な政治的意識に直結する．キリスト教会は

ヨーロッパにおける事実上唯一の宗教組織として国家と密接に結びつく一方
で，本質的に有している超越的性格のために国家権力からの独立も強く求め
る．そのため，国家と教会の関係は融合を図る動きと同時に独立を試みる動
きが並存するという緊張を抱えたものとなった．

　第二に，キリスト教の信仰は，個人の内面的価値を尊重する考え方を生み
出した．伝統的な民族信仰の多くが形式などの外面的要素を重視する傾向を
強く持っていたのに対して，キリスト教の信仰は個人の内面性を深く問う内
省的な性格を持っていた．これは今日にいたるまで西洋社会に生きる人々の
精神性に強い影響を及ぼすことになる．

(2)　ヨーロッパ封建社会の政治状況

　中世のヨーロッパ社会を形作っていたのは，封建制であった．封建制は，
土地を媒介とした双務的契約に基づく支配服従関係による社会制度である．
封建制の主従関係は，主君の保護と臣下の服従の義務によって結ばれる．中
小領主や騎士たちは，自らの領地を守るためにより強力な領主や君主に仕え
る．他方，主人である領主や君主は，臣下となった中小領主や騎士たちを守
護する義務を負っていた．しかしながら，各領主の独立性はきわめて高く，
領主たちは自身の領地経営や自領に対する課税に関する主君の介入を拒否で
きる不輸不入権や自領内の裁判権も有していた．

　このような社会における国家の存在は曖昧なもので，最高の立場にあるは
ずの王の地位もきわめて不安定で脆弱であった．主従関係が結ばれていると
いっても，臣下が君主に仕えるのは自身の所領の安全が守られているからに
過ぎず，君主の力がそれにふさわしいものでなければ，封建社会における主
従関係は容易に崩壊した．また，主君が契約に背いた場合には，臣下の者で
あっても服従を拒否することも可能であった．つまり，封建社会には運命を
ともにするような強い主従関係は存在しておらず，組織化された強力な国家
も成立しようがなかった．

　これに対して，カトリック教会は，中世社会において確固たる存在感を示

していた．ローマの教皇を頂点として，枢機卿・（大）司教・司祭・修道院長らによって構成される「ヒエラルヒー」（ヒエラルキー）のネットワークは，西ヨーロッパ全体に張りめぐらされていた．教会は十分の一税と呼ばれる税を農民から徴収する権限の他，教会法に基づく裁判権も有していた．要するに，カトリック教会は，中世社会において国家も凌駕する，最も組織化された組織であった．

　中世ヨーロッパ政治における最大の問題のひとつが，聖なる世界を代表するカトリック教会と世俗界を支配する神聖ローマ皇帝との対立であった．5世紀頃，教皇ゲラシウス1世は，この世界を聖俗2つの世界に分け，聖界は教会が，世俗界は皇帝が支配すると考える「両剣論（ゲラシウス理論）」を提唱した．この理論は表面的には教会と皇帝の権威の対等性と相互補完性を認めていたが，その根底には皇帝の権威は教会や教皇によって担保されているという考えが存在していたため，これは事実上教会側の優位を主張する理論となっていた．このように，教皇権と皇帝権の関係は補完的であると同時に対立的でもあり，現実に教皇と皇帝はしばしば激しい対立に陥った．とりわけ，その両者の対立が露骨に表面化したのが叙任権闘争であった．

　叙任権闘争は，教会内の任命権をめぐる教皇と皇帝の対立であった．教会はヒエラルヒーに基づき，司教の任命といった内部人事を自ら行うと主張した．これに対して，皇帝側は領地内の高位聖職者の任命権は自らにあることを主張した．とりわけ，この対立は教皇グレゴリウス7世とハインリヒ4世との間で顕著となり，教皇はハインリヒを破門した．キリスト教徒であることが人間の条件として考えられていたこの時代，破門は致命的であったことから，ハインリヒはイタリアのカノッサで教皇に謝罪して許された．これが，1077年の「カノッサの屈辱」と呼ばれる事件である．そして，教皇権は13世紀のインノケンティウス3世の在位期に絶頂を迎えることになる．

　脆弱な立場の君主，自身の支配権を抱えたままの地方領主，そして組織化された教会の組み合わせにより，中世政治社会は不安定であると同時に多元的な社会であった．中小の領主である貴族たちは，各自が長く保持してきた

「特権」を掲げて君主による介入を排除し，反乱を起こすこともあった．教会は，ここまで述べてきたように，世俗権力に対して自身の独立性を強く主張した．結果的に，中世政治社会はきわめて分権的であった．

　中世社会の多元性や分権性は，後の自由主義に影響を与えることになる．狭義の自由主義は近代以降に理論化・体系化されていったものだが，その思想的源流のひとつは中世社会の多元性にある．中世の多元的社会に対する憧憬が，自由主義という政治思想を生み出す素地を整えた．また，貴族たちが主張した慣習や特権の多くは伝統に由来するものであったが，君主に対する貴族や中小領主たちの対抗意識や抵抗の精神は，個人が自由と独立を求める精神へと転化していき，これもまた自由主義の基礎となった．

(3)　スコラ学

　イエスが説いた教えは，教条主義を排した，素朴なものであった．しかし，キリスト教はローマ帝国で受容され，さらに公認化や国教化の過程で，精緻な神学論争が繰り広げられるようになった．325 年にコンスタンティヌス帝が開いたニケーア公会議では，イエスを人間と考えるアリウス派と，イエスを三位一体の神の一位格と考えるアタナシウス派が論争を行い，後者が正統だと認定された．431 年のエフェソス公会議では，ネストリウス派が異端と認定された．また，アウグスティヌス（354-430）やヒエロニムス（347 頃-420）をはじめとする教父たちによって，神学体系が整備されていった．その結果，中世において，神学は最高の学問として扱われるようになっていった．

　9 世紀ごろから飛躍的な発展を見せたのが，スコラ学である．スコラとはそもそも司教座聖堂（大聖堂）などに付属する学校を意味し，そこでは聖書や教父らによって著された書物をていねいに講読し，さらにそれに関する討論を行う教育が行われていた．

　スコラ学の特徴は，理性と信仰すなわち哲学と神学の両立にあった．スコラ学を代表する学者であるアンセルムス（1033-1109）がいうように，信仰は

単に熱狂的な衝動に突き動かされたものであってはならず，「知解を求める信仰」(fides quaerens intellectum) でなければならなかった．

　中世のスコラ哲学における最大の議論が，普遍論争である．これは，普遍というものが実際に存在していると考える実在論と，普遍が観念であって思考上のものに過ぎないと考える唯名論との論争であり，アンセルムスが前者の立場に立ち，ウィリアム・オブ・オッカム（1290 頃-1349 頃）らが後者の立場に立った．この議論が白熱した理由は，それが普遍という概念に関する内容だったからである．前述のとおり，キリスト教の特徴は，絶対性，唯一性，そして普遍性にある．普遍性についての議論はキリスト教の本質に関係するものであり，普遍論争は重要な意味を持っていた．カトリック教会が採用していたのは，当然ながら実在論である．教会の権威は普遍的であり，各国の君主たちに対して優位でなければならないからである．そのため，普遍論争は，神学論争の域を超えて，政治的な性格も帯びることになった．

　さて，スコラ学の発展に大きく寄与したのが，13 世紀頃に発生したイスラーム世界からのアリストテレス哲学の流入であった．当時，古代ギリシアの文化は，ヨーロッパよりもイスラーム世界において保存され，研究が進められていた．アリストテレス研究も同様で，イスラーム圏においてイブン・ルシュド（アヴェロエス）（1126-98）らによる分析と考察が行われていた．戦争や交易などをとおしてイスラーム圏で発展したギリシア文化が流入したことにより，ヨーロッパでもそれらの研究がさかんに行われるようになった．ギリシア古典のラテン語翻訳が進められ，その頃ヨーロッパ各地に設立されるようになった大学でもアリストテレスに関する講義が行われるようになっていった．

　しかしながら，キリスト教神学とアリストテレス哲学との間には深い溝が存在していた．その溝を埋め，両者の統合を試みたのが，トマス・アクィナス（1225-74）であった．

2.　トマス・アクィナスの政治思想

(1)　トマスの人間論

　トマスは，1225 年にイタリアの貴族の家に生まれた．幼少時から修道院に入ったが，教会内でのトマスの栄達を望んでいた家族の反対を押し切って，大学在学中にいわゆる托鉢修道会のひとつであるドミニコ修道会に入会した．その後，トマスはヨーロッパ各地を遊学して学問を修め，特にアルベルトゥス・マグヌス（1193 頃–1280）の指導を仰ぎ，パリ大学の教授となった．この当時，神学上の課題となっていたのが，アリストテレス哲学の受容であった．この問題をめぐってトマスは多くの神学者との討論を繰り返し，自身の神学大系を確立していった．トマスの主著『神学大全』は，日本語訳で 45 巻にもなる浩瀚な書物である．トマスはさまざまな立場の論者との神学論争も厭わず，健筆家でもあったが，1272 年に急にこれ以上何も書くことはできないといい出し，それ以後執筆に取り組むことはなかった．死去したのは，1274 年のことである．死後，カトリック教会におけるトマスに対する評価は高まり，1323 年には列聖されている．

　トマスは人間という存在を，「理性的本性において自存するものである」（トマス 1961：第 3 巻，52）と理解している．理性と信仰の調和はスコラ学の最大の目的だが，神学者により理性と信仰の優劣に関する考えはさまざまであった．そのようななかでトマスは中間的な立場を採用し，理性を評価するとともに，信仰をとおしてその意義を解明することにより，双方を調和させることを試みた．つまり，トマスの考えでは，人間は，神の恩寵の下にあると同時に，理性的存在なのである．

　また，トマスは，人間が，「自然本性上，集団のなかで生活する社会的および政治的動物〔本書著者注：animal sociale et politicum〕」（トマス 2005：12）であるとする．これが，アリストテレスのポリス的動物という概念の影響を強く受けたものであることは明らかであろう．人間はさまざまな政治

的・社会的関係性のなかで，生を営む存在であることが，この言葉をとおして明らかにされている．人間の罪を重大視するキリスト教の従来の考えに基づけば，世俗は基本的に否定されるべきものである．しかし，トマスは，アリストテレスの影響を受け，人間を政治的・社会的存在として定義する．

政治的・社会的存在としての人間が，集団のなかで生きていくのに必要なものが，「共通善」（bonum commune）である．これもアリストテレスに由来する概念であり，共同体に属する人々に普遍的に妥当する規範を意味する．人間は，共通善が存在し，かつ構成員が共通善を尊重する共同体で生きることによって，聖なるものと俗なるものを両立させることができる．信仰と理性の両立が可能になるのも，このような共通善の働きがあるからである．

(2) トマスの政治思想

当然，トマスの政治思想では，共通善の実現が第一の目的に掲げられる．そのためには，法が重視されなければならない．

トマスによれば，法にはいくつかの種類がある．まず，神の全体的な摂理が「永久法」（lex aeterna）である．その下に，教会によって管轄されて，人間の内面に影響を及ぼす「神法」（lex divina）がある．これは，具体的には，『聖書』のなかで示される．また，人間が理性を用いることで認識することができる「自然法」（lex naturalis）がある．そして，自然法に由来しながらも，人間によって制定される可変的な法である「人定法」（lex humana）がある．人定法には，国内法である「国法」（jus civile）と国家間の関係で適用される「万民法」（jus gentium）がある．

トマスが法を強調した目的は，神による秩序の健全な維持にある．俗世の君主もその秩序に服さなければならない．そのため，君主が神の秩序に反することすなわち法に違反することがあれば，それに抵抗することは認められる．ただし，その妥当性を判断するのは教会であり，神の秩序の維持という目的からはずれることはない．

政体論に関して，トマスはアリストテレスの6つ政体論を継承していた．

トマスは,「ひとりの王による支配が最善であるように, ひとりの僭主による支配は最悪である」(トマス 2005：22) と, 王政を評価している. そこで大切になるのが, 良き支配者である王と僭主を区別する基準である. それが共通善である. トマスはいう.「もし自由人の集団が支配者によって集団の共通善に向かって統制されるならば, その支配は正しく, 自由人にふさわしいものであろう. これに対して, もし支配が集団の共通善にではなく, 支配者の私的な善に向かうものであるならば, それは不正な, 逸脱したものであろう」(トマス 2005：16). 大事なことは, 第一に政治共同体の構成員が自由人であることであり, 第二にそれが共通善を掲げた指導者によって率いられることである. もし支配者が共通善に反するような形での統治を行った場合, その統治は不正なものと判断される.

　このように, 共通善を前提とした統治を主張する点において, トマスはアリストテレスの政治思想を継承しているということができる. しかし, アリストテレスにおいて政治共同体の正統性を担保するものがその政治共同体自体であったのに対して, トマスにおいてそれを保証するのは神であり, 教会であることに, 大きな違いが存在する. トマスは, あくまでも信仰の枠内で政治を考えているのである. そのため, アリストテレスを継承しているトマスの政治思想にはアリストテレスの影響が存在しているが, その思想は広く政治的自由を人々に認めるものでは決してない. この時代において, 一部の小国を除いて, 君主政や貴族政以外の政治体制を認めることは常識外であり, トマスも君主政を当然視している. そのため, 彼の政治思想は, あくまでもキリスト教の価値秩序に合致した健全な君主政の実現を目的としたものになっている.

第**3**章
ルネサンス・宗教改革と絶対王政の成立

1. ルネサンスと宗教改革

（1） ルネサンス

　かつて中世は文化の暗黒時代のように考えられてきたが，現在ではそのような評価は改められている．今日では，9 世紀の「カロリング・ルネサンス」をはじめとして，中世にも複数の文化運動が存在していたことが明らかになっている．スコラ学も，以前は枝葉末節の言語表現に拘泥する学問のように見なされていたが，そのような印象も払拭されている．しかしながら，14 世紀から 16 世紀にかけて北イタリアを中心に展開された文化運動である，いわゆる「ルネサンス」（Renaissance）が世界の思想史上でも特筆すべきものであることに疑いを挟む人は少ないであろう．

　ルネサンスは，古典古代の文化の「再生」「復興」を意味する．スコラ学の個所でも触れたように，古代ギリシアの文化は，古代ローマ帝国から直接的に継承していたビザンツ帝国や，それらの支配地域を獲得していったイスラーム勢力において研究が進められていた．むしろ，これらの研究において，西ヨーロッパは後進地域であった．複数回にわたる十字軍やオスマン帝国の脅威におびえたビザンツ帝国の知識人の西ヨーロッパへの流入といったさまざまな形での東西交流をとおして，古代ギリシア・ローマに関する研究成果が西ヨーロッパに持ち込まれることになった．

　ルネサンスの文化的特徴は，人間性の尊重にある．中世の文化がカトリッ

ク教会の強い影響を受け，宗教的性格を強く帯びていたのに対して，ルネサンスでは古典古代の影響から現世的な享楽や人間の感情が重視された．

　ルネサンス期の政治意識は，「人文主義」(humanism) という言葉で表現される．人文主義とは，古典古代の文献の解読やそれに関する考察・分析を中心とした文化的な運動のことをいう．古代ギリシアやローマの古典分析をとおして，教会やキリスト教の権威が相対化され，人間性の発露が称揚されるようになった．この人文主義は政治思潮にも影響を与え，「政治的人文主義」(civic humanism) を生み出す．文化人たちは古典古代の政治文化に憧<ruby>憬<rt>けい</rt></ruby>を抱くようになり，ギリシアやローマにおいて行われていた共和政が理想化されるようになった．中世の政治社会では王政が標準的であったが，ルネサンスの人文主義を経て，文化人を中心とした人々の間に共和政という政治体制が理想として浮上してくることになったのである．

　元来，ルネサンスの中心地イタリア半島北部には，共和政や共和主義の理念が積極的に受容される社会的・政治的背景が存在していた．スペインやフランスなどでは単一の君主を中心とした統一国家の形成が進んでいたが，イタリア半島は統一化されておらず，その北部では古代ギリシアのポリスや古代ローマのキヴィタスを思わせる都市共和国（コムーネ）が多数存在していた．これらの共和国は神聖ローマ皇帝などとの取り決めによって自治権を獲得しており，主に有力な商人らの合議によって運営されていた．つまり，イタリアには，共和主義が受容される素地が存在していた．そのようななかで，高く評価されていたのが，古代ローマの政治家・哲学者キケロ Cicero（前106-43）であった．共和政ローマ末期の政治家であったキケロはカエサルの台頭に抵抗して，市民の自由を尊重し，共和主義を主張した．

　では，共和主義における自由とは，どのようなものなのであろうか．それは，政治的自由と個人的自由が高度に融合している状態ということができる．市民は何ものにも隷属せず，完全に自律しており，等しく政治に参加することができる．そのような政治体制こそ共和政であり，そのような政治体制を評価する考えが共和主義であった．

　当時の感覚では，共和政と民主政は区別される．共和政が公共性に配慮する市民による政治であると理解されていたのに対して，民主政は古代以来の印象が残存し，悪しき多数者支配というイメージを引きずっていたからである．

(2)　ル　タ　ー

　ルネサンスの影響は，キリスト教にも及んだ．かつて『聖書』は信仰するものであったが，ルネサンスの人文主義によって『聖書』も分析と考察の対象へと変化していった．このような変化は，宗教改革として結実することになる．

　マルティン・ルター（1483-1546）は，ザクセンで鉱山事業を営んでいた家庭に生まれた．1501 年，彼は法律学を学ぶためにエルフルト大学に入学する．在学中のある日，雷に襲われ，その恐怖から聖人に修道士になることを誓って祈ったといわれている．その結果，ルターは父親の反対を押し切って，アウグスチノ修道会の修道士になり，そしてヴィッテンベルク大学の神学・哲学教授となる．ルターは罪責意識がきわめて強い人物であり，神学の教授でありながらも，理性と信仰の両立を特徴とするスコラ学に対して疑問を抱くようになった．この当時，メディチ家出身の教皇レオ 10 世が，サン＝ピエトロ大聖堂の完成をめざしていた．その他にも，彼はミケランジェロやラファエロらの芸術活動を支援していた．これらの費用を賄うため，レオ 10 世は贖宥状（免罪符）を発行する．贖宥状とは，金銭によって人々の罪の贖いを約束するものであり，これを購入すればさまざまな罪の赦しが得られるとされた．罪責意識の強いルターの考えでは，神の救済がそのような安易な方法で得られるのを認めることは到底できなかった．そのため，ルターは，1517 年に「九十五ヵ条の論題」を提示して，強硬な反対を示した．

　ルターは，『新約聖書』の「ローマの信徒への手紙」で展開されている「人が義とされるのは，律法の行いによるのではなく，信仰による」（第 3 章第 28 節）という思想に強い共感を抱いていた．これは，人間の救済には，

善行は大きな意味を持たず，まず何よりも自身の罪の自覚と神への信仰こそが重要だという考えである．ルターはいう．「キリスト者は信仰だけで十分であり，義とされるのにいかなる行いをも要しないということが明らかにされる．かくて彼がいかなる行いをももはや必要しないとすれば，たしかに彼はすべての誡めと律法とから解き放たれているし，解き放たれているとすれば，たしかに彼は自由なのである．これがキリスト教的な自由であり，『信仰のみ』なのである」（ルター1955：21）．このような神学上の考え方を信仰義認説という．

　信仰義認説は，キリスト教における教会と聖職者の存在意味を大きく変化させた．カトリック教会では洗礼をはじめとする7つのサクラメント（秘跡）やその他の諸儀式が厳密に定められ，それらが救いにとって重要なものとされてきた．しかし，ルターはそれらのうちから洗礼と聖餐のみを必要なものとし，個人が直接に神と向き合うことを重視した．そこに神と人間との間に教会や聖職者が介在する余地はない．その結果，信仰義認説は，個人としての内面の絶対化と精神の自由の確立に貢献することになった．

　信仰義認説は，その当然の帰結として，万人司祭主義（万人祭司主義）を導き出した．これは，カトリック教会のように聖職者に特別な権能を認めるのではなく，すべての信仰者を司祭と本質的に等しいものとして捉える考えである．カトリック教会には教皇を頂点とする厳格な階層制度が採用されており，聖職者と一般の信者も明確に区別されていた．万人司祭主義はそのようなカトリックの教会制度を否定するものであった．

　また，ルターは，『聖書』のドイツ語翻訳も行っている．カトリック教会で長い間使用されてきた『聖書』はラテン語のものであったが，当時すでに学術用語化していたラテン語の『聖書』を理解できる人間は限られていた．要するに，当時の信者の多くは，聖書で何が説かれているのか正確に把握していないまま信仰していたわけである．ルターは，1521年ヴォルムス帝国議会において法的保護を受ける権利を剥奪された後，ザクセン選帝侯フリードリヒに匿われ，その庇護の下で『聖書』のドイツ語翻訳を行う．結果的に，

このドイツ語訳『聖書』はラテン語の『聖書』に代表されるカトリック教会の普遍性を否定するものとなり，将来的にはドイツ人の民族的なアイデンティティを支持するものとなった．

　ルターの思想は，元来政治的な主張を含意するものではなかった．むしろ，彼は教会の世俗化を批判し，『聖書』信仰に基づくキリスト教の純化をめざしていた．しかし，ルターの意図とは反対に，結果的に彼の思想と活動はきわめて政治的な意味を持つことになった．ルターの宗教思想は，個人の精神的自由の確立につながった．これに加えて，ルターが唱えた信仰義認説と万人司祭主義は，カトリック教会が体現していた普遍性とその権威とを崩壊させた．ただ，その一方で，ルターは既存の政治秩序と信仰との関係を放置した．ルターが重んじた「ローマの信徒への手紙」の第13章には支配者への服従と従順を説く個所が存在するが，これにならうようにルターは各地の君主が管轄する領邦教会制を認め，1524年から1525年にかけて発生したドイツ農民戦争では農民の武力蜂起を弾圧する側を支持する．結果的に，ルターの宗教改革は，当時の人々に個人的自由の覚醒を促すと同時に，世俗権力に対する従順さを説くことによって政治的自由を軽視する精神性を醸成したということができる．

(3)　カルヴァン

　フランスに生まれ，後にスイスのジュネーヴで活動を展開したジャン・カルヴァン（1509-64）は，ルターとならぶ代表的な宗教改革者である．彼は，フランス北部のピカルディの法律家の子として生まれた．学問に優れ，わずか14歳でパリ大学に入学した．

　大学時代のカルヴァンが影響を受けていたのは，ルネサンスの人文主義であった．しかし，1533年，彼はにわかに宗教的回心を経験し，1536年には主著『キリスト教綱要』を発表し，それ以降は宗教改革の先頭に立ち続ける．1541年からは，市民の要請を受けてスイスのジュネーヴ市政を担うことになり，30年近くにわたって自身の宗教的信条に基づく市政運営を行った．

カルヴァンが行ったような，特定の宗教的信条や価値観に基づく政治を，神権政治（theocracy）という．彼による市政はきわめて厳格なもので，市民に対して過剰なまでに禁欲的な生活を強いた．また，かつてはカルヴァン自らもそうであった人文主義者を弾圧し，ジュネーヴに滞在していた人文主義的な神学者ミシェル・セルヴェ（1511-53）を火刑に処している．これには当時も批判はあったが，カルヴァンの地位が揺らぐことはなかった．

カルヴァン主義の中核思想は，予定説（二重予定説）である．予定説とは，人間の救済は完全に神に委ねられており，救われる人間と救われない人間はあらかじめ定められているとする神学思想である．カルヴァンは，救済に関する神の恣意を明確に打ち出した．この考えに基づけば，カトリック教会が推奨していた善行などは，救済にとって何の意味もない無益な行為となる．神は絶対的な立場から，各人間の救済を独断で決定する．神の絶対性という点では，カルヴァンはルターと比較しても顕著である．ルターでは神は内面において人間と密接に結びついている存在であるのに対して，カルヴァンの考える神は人間から隔絶した絶対的存在である．そのため，神に対する人間の態度は，服従という姿勢をとる以外にない．

このような予定説を信じる人間はどのような行動をとるだろうか．これに関して，後にマックス・ヴェーバー（1864-1920）は，予定説の登場が資本主義の発展を促したという見解を示している．それは，予定説を信じる人間は自身が神の救済に値する人間であることを確信するために，禁欲的に自らの仕事に励むのではないかという見方である．人々は勤労に励むとともに禁欲的な生活を送るため，社会全体の富すなわち資本の蓄積を促す．その結果，資本主義が飛躍的に発展することになる．カトリックの教えでは，経済活動はどちらかといえば否定的に理解される傾向にあった．これに対して，カルヴァン派はそれ自身が意図的に経済活動を推奨したわけではないが，結果的にその教えは経済の振興に貢献することになった．その必然的な帰結として，かつて宗教的な救済とは無縁なものとして理解されていた労働に，宗教的・道徳的な意義が見いだされることになった．

　さて，カルヴァン派教会では，長老制という制度が採用されている．カト
リック教会では監督制（司教制）という，上位の聖職者が下位の聖職者を監
督する制度が採用されている．これに対して，長老制では，信者のなかから
篤信者などが長老という立場に選出され，その意志決定に基づいて教会が運
営される．神の絶対性を主張したカルヴァン派だが，教会制度としては平等
で民主的な制度が採用された．そのため，カルヴァン派教会では信者の民主
的な政治意識が醸成されることになった．カトリック教会やルター派教会が
既存の体制への服従を推奨したのに対して，信者の教会運営参加が制度的に
肯定されていたカルヴァン派教会では一種の民主政の政治教育が行われてい
たといえる．そして，カルヴァン派の教えは西ヨーロッパ全体に伝播してい
くが，民主的な意識が涵養された人々によって運営されているその教会は，
各地で専制的な王権に対する抵抗の拠点となっていくことになる．ただし，
カルヴァン派の人々の民主的な政治意識や抵抗の精神は，あくまでも神の世
界をこの世に実現するためのものである．

　ルターやカルヴァンによる宗教改革の意義は，第一に個人の内面の重要性
を人々に自覚させたことにある．宗教改革によって，信仰というものが，出
生と同時に自動的に決定されるのではなく，各個人の意識に基づく信仰へと
変化していくことになった．最終的に，これは個人的自由という意識を，
人々の間に浸透させるものとなった．第二に，ルター派やカルヴァン派の成
立は，カトリック教会によって体現されていた絶対的な普遍性を崩壊させた．
カトリック（catholicus）という語自体，普遍性を表現しており，分派の発
生はカトリックの教会の根幹を破壊したということができる．また，それは，
政治にも影響を与えることになる．従来，政治権力すなわち君主は，ローマ
教皇とカトリック教会による独占的な権威承認を得なければならなかった．
しかし，宗教改革によってカトリック教会の普遍性が否定されると，君主た
ちはカトリック教会の束縛から解放されることになったのである．

　自由という点から考えた場合，宗教改革は個人的自由の発展にプラスの影
響を与えた．なぜなら，体制への服従を肯定するルター派も含め，宗教改革

は信仰が個人のものとして意識されるようになる端緒となったからである．実際には，宗教改革は現代的な意味での信教の自由を実現したわけではないが，これが発生しなければ個人的自由の中核となる信教の自由のような権利が後世に認められることはなかったであろう．

　政治的自由に関していえば，ルターはそれを積極的に求めていたとはいえない．それどころか，彼の内面重視の姿勢は，人々の政治に対する積極性を損なうことになったという評価も可能であろう．一方のカルヴァンも積極的に政治的自由を求めていたわけではないが，結果的に彼の教えは人々の政治的意識を覚醒させた．カルヴァンの本来の目的は神の世界の実現にあったが，それには世俗の政治秩序の変革が不可避であるため，人々の政治意識は自ずと成長していったのである．

2. ジャン・ボダンの主権理論

(1) コンフェッショナリズムと暴君放伐論

　カトリックとプロテスタントは必然的に対立にいたった．その対立が最も先鋭化した地域のひとつが，フランスであった．フランスでは従前からの王権や貴族の権力闘争と宗教対立が一体化し，複雑な政治闘争に発展していた．このように，政治上の対立と宗教上の対立が結びついた状態を，コンフェッショナリズム（confessionalism）と呼ぶ．

　ヴァロワ朝の王権はカトリックを信仰しており，その他の多くの貴族も同様であった．これに対して，フランス南西部のナヴァル王国を統治していたブルボン家のアンリをはじめとする一部の貴族たちは，カルヴァン派を信仰していた．カトリックを熱烈に信仰する側は「リーグ」（Ligue）と呼ばれるグループを形成した．彼らはカルヴァン派に対する迫害を繰り返し，1572年にはサン＝バルテルミの虐殺というユグノー（フランスにおけるカルヴァン派信者の呼称）の大量殺害事件をひき起こした．他方，ユグノーたちは暴君放伐論（monarcomachi）を主張して，カトリック派や王権に抵抗した．

暴君放伐論は，ゲルマンの伝統である貴族の独立心とカルヴァン派の抵抗の精神を根拠として，もし王権が圧政的に振る舞えば，その王を武力で打倒しても構わないとする考えであった．要するに，カトリック側とプロテスタント側の双方が，それぞれの大義名分を掲げて，武力行使もいとわない対抗意識を露骨に示し，実際に衝突を繰り返していた．

　このような激しいコンフェッショナリズムのなかで，それを克服するためには宗教よりも国家や政治（politique）を優先すべきだと考えた人々が，「ポリティーク」（Politiques）である．コンフェッショナリズムのなかでは，カトリック側とプロテスタント側のどちらが勝利しても遺恨が残り，政治的安定を実現することは不可能である．ポリティークは，宗教宗派の違いを乗り越え，戦略的に宗教的寛容を政策として採用する強力な王権を希求した．注意すべきことは，ポリティークは現代的意味での信仰の自由や人道的見地から宗教的寛容を求めたのではなく，現実に発生している激しい宗教対立を克服するために，寛容を主張したことである．

　ポリティークの考えの基礎にあるのは，現実主義（realism）である．ポリティークを支持した人々のなかには，比較的裕福な商人・市民たちが多く含まれていた．市民たちにとって，政治的対立や宗教内戦は，自身の経済活動や財産にとっての脅威であり，危機であった．そのような市民の現実的要請に応えたのが，ポリティークであった．

（2）　主権概念の成立

　ポリティークを代表する政治思想家が，ジャン・ボダン（1530-96）である．彼が提唱した概念が，「主権」（souveraineté）であった．ボダンによれば，主権とは「国家の絶対的で永続的な権力」（杉田・川崎（ボダン）2014：70）である．国家に関するさまざまな権利や権限は，単一の主権すなわち君主によって掌握される．主権が含むのは，具体的には立法権・外交権・人事権（官職任命権）・裁判権・恩赦の権限・貨幣鋳造権・度量衡制定権・課税権である．このなかで特筆すべきは，立法権である．中世的な法観念によれ

ば，法は「つくるもの」というよりも「見いだすもの」であり，君主もそれに縛られていた．この考えに対して，ボダンは立法権を君主の掌中に収めることで，君主を法の束縛から解放し，法の上位にある絶対的位置においた．

主権概念の特徴は，対内的絶対性と対外的独立性にある．対内的絶対性とは，国内において主権に優越する存在は一切許容されないということである．この考えによって，身分的特権を根拠とした貴族の抵抗権は否定され，主権を握る君主は絶対化される．他方，対外的独立性とは，主権は国外の何ものからも侵害されないということである．これによって，他国の侵略だけでなく，ローマから国内に及ぼしている教皇の影響力の排除を正当化することも可能になるのである．すなわち，政治・宗教・習慣といったあらゆる差異が国家によって包摂されることによって，国家は絶対的な権威と権力を掌握することになったのである．

コンフェッショナリズムのような激しい対立が生じた遠因は，中世社会の多元性にあった．君主や貴族，教会といった各政治勢力が一定の独立性を有し，自立して自由を獲得していたからこそ，いったん摩擦や衝突が発生すると何ものも事態を収拾できなくなってしまう．ボダンの主権論は，中世社会の諸勢力が保持していた政治的権利を奪取するものであった．彼の主権論において，自由なのは国家すなわち君主だけである．だが，この自由の制限によって，社会や政治は安定を回復することが可能となった．つまり，君主以外の政治的自由の喪失が，社会的・政治的安定と人身の安全の条件となっているのである．

主権論は，王権神授説と結びついて，絶対王政が確立する．もともと，主権論と王権神授説はたがいに無関係な政治思想であった．しかし，これらの政治思想は親和性があり，容易に結びつく可能性を当初から有していた．主権論は，主権の絶対性を主張する．この当時において主権者は王のことであり，主権論は王の絶対性を主張する思想となる．他方，王権神授説は，王権の権威と権力の根拠を直接的に神に求める理論である．ジャック・ベニーニュ・ボシュエ（1627-1704）は，その代表的な提唱者である．

　主権論は，そもそも不要な政治対立を解決するために構想された政治思想であるため，現実への適用はきわめて穏当であった．1589年，フランスでは，ブルボン家のアンリがアンリ4世としてフランス国王に即位する．彼はサン゠バルテルミの虐殺でも狙われたユグノーの有力者であったが，王位に即くとカトリックに改宗する．1598年にはナントの王令（勅令）を発して，ユグノーの権利を保障し，長く続いた内戦状態を終わらせた．主権論自体は絶対的王権を主張するものであったが，アンリ4世の政治は王権の確立に努めながらも柔軟で弾力的なものであり，ポリティークの現実主義を体現するものであった．しかし，時間が経過するに従って，王権が強固なものになっていくと，非妥協的な政権運営へと変化していく．アンリ4世の孫であるルイ14世の治世になると，主権論と王権神授説は完全に融合して，絶対王政が確立される．政治的妥協が不要となったルイ14世は，1685年のフォンテーヌブローの王令を発して，ユグノーの強制的な改宗や追放を行った．

　ボダンの政治思想は，宗教に対する世俗の権威や権力の優位を明確に打ち出した．これによって，長年続いたフランスのコンフェッショナリズムは終止符が打たれた．また，ボダンの主権論は，統治者と被治者の両方を包摂する，確固たる国家概念を提示した．彼の考えは，近代的な国家像を描き出した嚆矢となる政治思想であった．ただし，その画期的な思想は，多くの問題も含んでいた．

　主権論およびそれと結びついた王権神授説，そしてその結果確立された絶対王政は，中世以来貴族たちが享受していた政治的自由を奪い，それを君主のみに認めた．つまり，政治的自由は，国王によって独占された．このことは貴族たちの反発を招き，ルイ14世の治世の初期にはフロンドの乱が発生しているが，鎮圧されて結果的に王の権力はより強化されることになった．また，ユグノーはその信仰のために迫害されて，個人的自由すら侵害された．結果的に，あらゆる自由を手に入れたのは国王ただひとりであり，一般民衆はもちろん貴族たちも，国王に服従するだけの臣下の立場に追いやられた．主権論は，秩序の回復と国家の安定化，そして近代国家の形成に寄与した．

しかし，その一方で，主権論は王権神授説と結びつくことによって，中世的な多元性に由来する自由も，また信仰の自由といった個人的自由も破壊したのである．

第4章

ニコロ・マキアヴェリ：近代政治思想の幕開け

1. 『君主論』の政治学

(1) マキアヴェリが生きた時代のイタリア半島

　ニコロ・マキアヴェリ（1469-1527）は，イタリアのフィレンツェに生まれた．マキアヴェリの家系はそれなりの由緒のある家系であったが，法律家であった父は裕福というわけではなかった．だが，教育熱心な親の意向もあり，マキアヴェリは幼い頃からラテン語を習い，古典古代の知識も学んだ．とりわけ，マキアヴェリが強い関心を示したのが，古代ローマの歴史であった．長じて，マキアヴェリはフィレンツェ共和国政府の役人に採用される．彼が配属されたのは，内政や軍事を担当する第二書記局であった．

　マキアヴェリが役人に採用された当時のイタリアは，政治的・軍事的にきわめて不安定な状況にあった．その頃のイタリア半島は，ローマ教皇領・ヴェネツィア共和国・フィレンツェ共和国・ミラノ公国・ナポリ王国の他，中小の君主国や都市国家に分裂していた．他方，フランスやスペイン，ドイツは，強力な王権を中心とした中央集権的な国家を形成しつつあった．これらの列強各国は，中小国家に分裂して権力の空白地帯になっていたイタリア半島への侵攻を繰り返し，その都度イタリア半島の諸国家は動揺を重ねていた．フィレンツェに関していえば，国内的にも混乱状態が継続していた．フィレンツェでは，事実上の支配者であったメディチ家と反メディチ家勢力との対立が長く続いていた．そのようななかで，厳格な神権政治の確立に成功した

のが，聖職者ジローラモ・サヴォナローラであった．だが，彼は綱紀粛正を徹底したことから，しだいに民衆からも疎まれるようになった．そのため，この政権は短期間に終わり，マキアヴェリが役人となった 1498 年，サヴォナローラは処刑される．このように，マキアヴェリは内外ともにきわめて不安定な状況のなかを生き抜いた人物であった．

役人となったマキアヴェリがフィレンツェ共和国政府において担当した重要な仕事のひとつが，外交であった．この経験はマキアヴェリの政治観とその政治思想に強い影響を与えた．外交の場面においては，聖職者の組織であるはずのローマ教皇庁をはじめとする各国が不誠実さを気にすることなく，自国の生存と利益を第一に考えて行動していた．

外交官としての経験のなかで最もマキアヴェリに影響を与えた人物が，チェーザレ・ボルジアであった．教皇アレクサンデル 6 世の実子であった彼は，武力によって各地を併合し，イタリア半島の統一をめざしていた．ボルジアの大胆で，活力あふれる様子はマキアヴェリに強烈な印象を与え，マキアヴェリはボルジアのことを「一条の光」（マキアヴェリ 1995：149）と呼んで高く評価した．マキアヴェリは，チェーザレの生き様も参考として『君主論』を執筆する．

さて，フィレンツェから追放されていたメディチ家は，1512 年に再び権力を取り戻す．マキアヴェリは公職から追放され，後に陰謀に加担した疑いで逮捕され，拷問も経験した．幸い短期間で釈放され，メディチ家との関係も改善されたが，以後彼が本格的に官職に返り咲くことはなかった．マキアヴェリの主著『君主論』と『ディスコルシ』は，官職追放後に書かれたものである．

(2) 『君主論』のマキアヴェリ

『君主論』は，その書の冒頭に掲げられているように，メディチ家の当主に献呈された書物である．マキアヴェリがこの書物を著した目的は再び官職に就くことにあったといわれているが，そのなかで展開されている政治思想

は含蓄に富んだものとなっており，現代でも多くの読者を集めている．

　マキアヴェリの人間観は悲観的であり，不信感に満ちている．「人間は，恩知らずで，むら気で，猫かぶりの偽善者で，身の危険をふりはらおうとし，欲得には目がない」（マキアヴェリ 2002：98）．人間が強欲な利己主義者であるとするなら，それに応じた統治法を為政者の側も考えなければならない．そこで，マキアヴェリは，為政者が被治者から恐れられる存在であるように求める．人々は為政者が自身にさまざまな恩恵を与えている間は，その支配に服従するだろう．しかし，心底から従っているわけではないので，わずかでも隙を見せれば，人々は容易に反抗する．君主が苛烈な様子を見せた方が，人々は恐怖心から素直に支配に従う．このような醒めた人間観から，マキアヴェリは冷酷な君主を評価するのである．

　君主が重視すべきものは，stato である．この概念は人々を強力に支配する君主の力そのものを意味している．マキアヴェリの考えでは，求められるべき政治学は，stato を強靱化する技術のことである．そこでは道徳が顧みられることはなく，統治のための技術やその有効性が重視される．特に重要になるのが，最終手段（ultima ratio）としての実力（forza）すなわち軍事力である．すなわち，君主に求められる資質は，軍事力といった実力を行使してでも，自分自身の stato を強靱なものにする力である．

　君主がそなえるべき資質は，「徳」（virtù）である．しかし，ここでいわれている徳は，一般に考えられているそれとは異なる．人間は「運命」（fortuna）のなかで生きているが，それは時に人間を逆境に陥れる．マキアヴェリの考える徳は，そのような状況を打開し，乗り越えていく力を意味する．君主は予測能力を十分に発揮して危機に備え，運命がもたらす状況を克服していくことが求められる．そして，実際に危機に直面した際には，道徳に束縛されずに，必要な処置を果断に行うことができなければならない．マキアヴェリは，君主の資質について，次のように記している．「君主は，野獣の気性を，適切に学ぶ必要があるのだが，この場合，野獣のなかでも，狐とライオンに学ぶようにしなければならない．理由は，ライオンは策略の罠から

身を守れないし，狐は狼から身を守れないからである」（マキアヴェリ 2002：103）．狐に表現される知略とライオンに表現される力の両方を兼ね備えていない限り，運命を切り拓くことができる徳をそなえた君主になることはできない．つまり，君主とは，目的合理性を追求し，困難のなかにあったとしても自ら新たな秩序を創り出すことができる人物なのである．このような君主像のモデルは，既述のボルジアであった．たとえば，彼は支配地域の民衆の不満の高まりを察知すると，現場で民衆を治めていた部下を抹殺し，失政の責任を押しつけた．しかし，マキアヴェリによれば，ボルジアは，「思慮があり手腕のある男としてとるべき策をことごとく使って，自ら力の限りを尽くした」（2002：42）のであり，君主と評するにふさわしい人物であった．

　繰り返しになるが，マキアヴェリのいう徳は，一般に流通している意味の徳とは異なっている．アリストテレスやトマスをはじめとする過去の政治思想家の多くが，道徳的・倫理的な徳を重視してきた．政治的秩序の維持のために，一定の道徳や倫理を求めることは当然だといえる．これに対して，マキアヴェリのいう徳は，場合によっては道徳も躊躇なく放棄することができる決断力と実行力を意味する．つまり，マキアヴェリの『君主論』において，徳の意味と政治の理想は決定的に変化したのである．

2. 『ディスコルシ』の政治学

(1) 共和政と市民軍

　しかしながら，もうひとつの主著である『ディスコルシ（ローマ史論）』では，マキアヴェリは少し異なった考えを示している．『ディスコルシ』は，古代ローマの歴史家リウィウスによる『ローマ史』のなかの共和政に関する内容を取り上げて論じたものである．つまり，『ディスコルシ』の主題は，古代ローマの共和政である．『君主論』と『ディスコルシ』との間では，マキアヴェリの人間観が異なっている．前者においては，人間は信用に値しな

い存在であった．これに対して，後者のなかで，マキアヴェリは，「君主よりはむしろ人民のなかに，偉大な 徳 を発揮できる能力がそなわっているのではないか」（マキアヴェリ 2011：258）と記し，一般の民衆の力に期待をかけている．マキアヴェリはいう．「個人の利益を追求するのではなく，公共の福祉に貢献することこそ国家に発展をもたらすものだからである．しかも，このような公共の福祉が守られるのは，共和国をさしおいては，どこにもありえないことは確かである」（マキアヴェリ 2011：283）．国家の利益すなわち公共性と市民の徳が合致した時，その政治共同体の力は最大化される．古代ローマでは平民と元老院の貴族との内部対立が絶え間なく続いていたが，そのローマが勢力を拡大させ，地中海世界を支配した．そのような成長と拡大が可能であったのは，公共性をそなえたローマ市民が国家全体の利益を認識していたからである．

　では，なぜローマ市民は公共的な意識を持つことができたのだろうか．それはローマが共和政であったからである．現代では，一般に共和政は君主が存在しない政治体制を指している．しかし，共和政の本来の定義は，公共性をそなえた自由で平等な市民による政治である．共和政は，政治的自由と個人的自由が高度に融合した状態が実現されている．マキアヴェリには古代ローマを過大評価する傾向が見られるが，少なくとも彼は古代ローマではそのような共和政が実現されていたと考えている．そして，マキアヴェリは，ローマの共和政を支える重要な柱は軍制であったと考えた．

　共和政ローマの軍隊は市民軍であった．市民自身が軍事の主体を担っていた．これに対して，マキアヴェリが生きた時代のイタリアの主要な軍制は傭兵制度であった．当時のイタリア半島が列強各国の介入を受けて不安定であったことはすでに述べたとおりだが，それに拍車をかけていたのが傭兵制度であった．傭兵は自分自身の利益のために，有利な側に容易に寝返った．他方，防衛義務を負っていない市民の内面に，自国愛が醸成されることもなかった．マキアヴェリの考えでは，そのような状態で市民の精神に公共心が育まれるはずがなかった．そこで，彼は，古代ローマの市民軍を再生すること

によって，市民の公共性の再生を図った．市民軍の建設はマキアヴェリにとって長い間の課題であり，役人時代は実際にその創設に努力した．つまり，マキアヴェリにとって，市民軍とは，共和政を健全に維持するための公共心を育むものであった．マキアヴェリにおいて，共和政を最終的に維持するのは，市民軍なのである．

(2) 『君主論』のマキアヴェリと『ディスコルシ』のマキアヴェリ

　『君主論』と『ディスコルシ』の間には思想的相違が存在する．この違いが生じた最大の原因は，それらの著作の前提が異なっているからである．前者が支配者の問題のみを主題としていた著作であったのに対して，後者では支配者も市民も含む政治共同体全体が考察の対象となっている．自由の観点からこれらの著作を考察した場合，『君主論』において問題とされているのは君主ひとりの自由であるのに対して，『ディスコルシ』で称揚されているのは政治的自由と個人的自由が高度に融合した「共和主義」（republicanism）的自由であった．すなわち，自由の点において，『君主論』と『ディスコルシ』の間には明確な隔たりが存在する．

　では，マキアヴェリの真意は，『君主論』と『ディスコルシ』のどちらにあるのであろうか．『君主論』はメディチ家の当主に献呈された著作であり，仕官のために書かれた著作であると考えられている．他方，『ディスコルシ』は当時の文化人に献呈された著作であり，量的にも分析と考察の深度の点においても『君主論』を上回っている．そのため，ここから，マキアヴェリの真意は『ディスコルシ』にあり，彼は共和主義者であったという推測が成り立つ．

　ただし，マキアヴェリの考える共和政は，市民の道徳的な公共性を単純に賞賛するような理念的なものではなく，市民軍という軍事力の裏づけを伴ったきわめて現実的なものである．実際の政治や外交の世界に生きてきた彼には，精神論だけの共和政や共和主義は受け容れがたかったのだろう．それを考慮すると，『君主論』と『ディスコルシ』が追求したものは根底では一致

していたということができる．いずれにおいても共通していることは，現実的な対応力をそなえた，強靱な精神力をそなえた人間による統治こそ，マキアヴェリの考える理想の政治だということである．

第5章
モンテスキュー：自由主義の一源流

1. 中世社会の特徴とフランス絶対王政の政治状況

(1) モンテスキューの政治思想的背景

　フランスの貴族には，帯剣貴族と法服貴族の2種類が存在する．地方領主である伝統的な貴族の帯剣貴族に対して，法服貴族とは高等法院（Parlement）に勤務する官僚であった．フランスの高等法院は法律の登記を行う機関で，それが行われなければ王令であったとしても法としての効力は生じなかった．高等法院は，それ以外にも行政や立法に関する幅広い権能を有しており，フランス絶対王政を実際に支えた重要な機関であった．高等法院と法服貴族がこのような強力な存在になった背景には，コンフェッショナリズムを生き抜いて王位に即いたアンリ4世の存在がある．彼は，誕生から間もないブルボン朝の財政基盤を固めるため，1604年にポーレット法を発して，官職売買制度を法的に整備した．つまり，裕福な市民が金を支払うことによって貴族（法服貴族）になることを可能にし，そこで得られた資金を絶対王政の財政的基盤としたのである．このような経緯を考えると，法服貴族は王の熱烈な支援者になりそうなものだが，実際は異なる．法服貴族という地位が既得権益化し，高等法院の権限が拡大していくと，法服貴族はしだいに王権に対する対抗意識を抱くようになり，1600年代の半ばにはフロンドの乱を起こすまでにいたる．つまり，本質的に王権への対抗意識を持っていた帯剣貴族のみならず，元は王権の支援者としての役割を期待されていた法服貴

族までもが，王権に対する抵抗者としての性格を持つにいたったのである．

　モンテスキュー（1689-1755）は，フランス西部ボルドーの法服貴族の家系
に生まれた．彼はボルドー大学で法学を修めた後，一時パリに出るが，数年
後法服貴族としてボルドー高等法院に勤務する．しかし，モンテスキューは
あまりこの仕事に関心がなかったようで，若くして官職を辞し，その後は研
究を主とする生活を送った．1728 年からは，約 3 年間，ヨーロッパ諸国を
歴訪している．モンテスキューは高等法院時代より『ペルシア人の手紙』を
発表していたが，退官後の研究生活時代には『ローマ人盛衰原因論』，そし
て『法の精神』を著して，1755 年にパリで死去した．

　モンテスキューの政治思想を論じる上で欠かせないのは，イギリスの存在
である．モンテスキューの生地ボルドーはワインの名産地であり，この地の
商人たちはさかんにイギリスと貿易を行っていた．本格的に研究生活に入る
前から，モンテスキューのなかには，イギリスに関する知識や親近感があっ
たことが考えられる．また，既述のヨーロッパ歴訪のなかで，モンテスキュ
ーは最大の時間をイギリス滞在に費やしている．そこで彼は，イギリスの政
治や社会を実際に目にして，自らの政治思想を確立していくのである．

(2) 『法の精神』

　モンテスキューの主著『法の精神』は，20 年近い時間をかけて書き上げ
られ，1748 年に発表された大著である．この著作の目的は，法というもの
の本質を探究することにあった．

　モンテスキューによれば，法とは「事物の本性に由来する必然的な諸関
係」（モンテスキュー 1989：上，39）である．モンテスキューは，法という
ものがそれぞれの民族の歴史的な経緯をとおして形成された可変的なもので
あると考えた．法は，伝統や文化，宗教，慣習といった多様な社会的要素の
影響を受けて形作られる．モンテスキューは，これらの要素を一括して，
「一般精神」（esprit général）と呼んでいる．そのため，法は国や地域によっ
て異なった姿を見せることになる．最適な法は，それぞれの国で異なるので

ある．

　モンテスキューの法の概念には，その当時のフランスの絶対王政に対する批判が込められていた．ボダンの主権論では，立法権は君主のみに属する権能であり，いわば君主の言葉や命令が法となっていた．絶対王政はこのようなボダンの考えに則っていた．モンテスキューは，社会における関係性を重視する法概念を提起することによって，当時の国王の権力の絶対性に対して警戒感を示しているのである．

　モンテスキューの国制論では，各政体の「本性」（nature）と「原理」（principe）が重視されている．政体の本性とはその政体の定義や事実のことであり，原理とはその政体を支える精神性を指している．原理は人々の精神に作用することによって，その政体を形成するのである．

　モンテスキューは，政体を大きく3つに分類した．

　第一は，共和政である．モンテスキューは，共和政をさらに民主政と貴族政に分けている．前者は人民全体が権力を掌握している状態であり，後者は人民の一部（貴族）が権力を握っている状態である．共和政の原理は，徳である．ここでいわれている徳は，公共的な精神を重視するという伝統的な意味での徳である．ここで意外に思われるのは，貴族政も共和政に含まれている点であろう．モンテスキューの政体分類は，あくまでも原理に則っている．徳が重要だという点において貴族政も民主政も変わりはないため，貴族政と民主政はともに共和政という分類に包含されている．注目すべきなのは，次の記述である．「貴族政が民主政に近づけば近づくほど，それは完全になるであろう．そして貴族政が君主政に近づくにつれて，それはより不完全になるであろう」（モンテスキュー 1989：上，63）．つまり，モンテスキューは，民主政は最善に近い政体であったと考えていたことになる．時代的に考えて，このモンテスキューの民主政評価は特筆すべきことである．

　第二の政体は，君主政である．これは，「中間的，従属的そして依存的な諸権力」であり，「基本的諸法律によって一人が支配する政体」である（モンテスキュー 1989：上，64）．モンテスキューのいう君主政はひとりが支配

する政治体制であるとともに，貴族という中間権力の存在を必要とし，かつ法律による適正な制限が存在している政治体制である．この君主政の原理となっているのが，名誉である．君主政に見られる人間像は共和政におけるそれとは異なり，人々は野心や偏見によって動かされ，名誉を追い求めている．社会はそのような人々の名利心を動因としているが，モンテスキューは一概にそれを否定していない．彼は，個人的な名誉の追求が，全体的には統治と社会に一定の秩序をもたらすと考えた．

　第三の政体は，専制政である．これは，ひとりの人間が法的な制約や拘束を受けることなく，恣意的に支配する政体である．この政体の原理は，恐怖である．というのも，専制政においては，ひとりの支配者のみを打倒すれば無制限な権力を奪取することができるため，恒常的に体制の転覆が発生する状態にあるからである．このような状態下で支配者が自身の体制を維持するためには，常に人々を恐怖させる必要がある．「恐怖がすべての勇気を打ちくじき，ごくわずかの野心の気持ちまでも消滅させてしまわなければならないのである」（モンテスキュー 1989：上，82）．

　これらの3つの政体には，それぞれに適した地理的条件がある．まず，共和政が適しているのは，古代ギリシア・ローマの都市国家のような小規模な国家である．ついで，君主政は，中世のゲルマン民族の国家が適している．そして，専制政が合っているのは，トルコや中国といった巨大国家である．

　ローマの歴史にも通じていたモンテスキューは，共和政に対する強い憧憬の念を抱いていた．しかし，環境などの外的条件を重視する彼は，この時代のフランスが採用すべきなのは，共和政ではなく，君主政であると考えた．モンテスキューにおいて，商業経済が発達し，社会が複雑化した当時のフランスにおいて可能な政体は，君主政しかなかった．

　だが，モンテスキューは，現状のフランス王政を肯定していたわけではなく，適正な君主政の形を明示することによって，実際に存在している絶対王政を批判している．彼の考える君主政は貴族の助力を支えとし，法の支配に服する君主政であるが，現実のフランス王政は君主の恣意がまかり通る絶対

王政であった．つまり，モンテスキューの目から見れば，フランスの絶対王
政は君主政というよりも，もはや専制政になっていた．モンテスキューの国
制論は，フランス絶対王政に対する強い危機意識と批判の上に成り立ってい
た．

2.　権力分立

(1)　権力分立論の原型

　現代国家の多くにおいて，権力分立という政治制度が導入されている．こ
の概念を本格的に理論化した思想家が，モンテスキューであった．彼は『法
の精神』のなかでイギリスの国制をモデルとして，権力分立の重要性を主張
している．

　モンテスキューは，国家には 3 種類の権力があると考える（モンテスキュ
ー 1989：上，291）．第一の「立法権力」は，一時的ないし永続的な法を制
定・修正・廃止する権力である．第二は「万民法に属する事項の執行権力」
であり，主として外交や国防・軍事に関する権力である．第三の「公民法に
属する事項の執行権力」は，犯罪の処罰や個人間紛争の処理を担当する．モ
ンテスキューは，これらの権力のうち，第三の権力を「裁判権力」と呼び，
その他の権力をまとめて国家の「執行権力」と呼んでいる．モンテスキュー
による権力の定義は現代国家の司法・立法・行政の三権の定義とは微妙に異
なっているが，国家の権力をその目的によって区別し，それらを並列的に置
いて均衡を図るという構想は，現代の権力分立論と共通している．

　モンテスキューの権力論がこのような権力区分を重視した背景には，次の
ような彼の考えがあった．「同一の人間あるいは同一の役職者団体において
立法権力と執行権力が結合される時，自由はまったく存在しない．なぜなら，
同一の君主または同一の元老院が暴君的な法律を作り，暴君的にそれを執行
する恐れがありうるからである」（モンテスキュー 1989：上，291）．モンテ
スキューが権力分立によって守ろうとしているものは自由であり，単独の存

在への権力の集中は専制が発生する危険があるため，これを構造的に予防する必要が生じるのである．

　権力分立は，権力間の抑制と均衡を目的とする．モンテスキューがこの政体構想を思いいたったのは，イギリスの政治を参考としたこともさることながら，かつての中世国家における多元的な権力構造の影響もあった．すでに述べたとおり，中世国家は君主・貴族・教会などの諸勢力が拮抗していたため，結果的に多元性が確保されていた．そこには絶対的な存在はなく，特権などにより各存在の自由が保たれていた．ただ，この状態は，いったん混乱すると，コンフェッショナリズムの時代のように収拾がつかなくなる恐れがある．そのため，モンテスキューは，この中世的多元性を理論化して，実際の政治制度に置き換えることによって，安定的に自由を享受できる政治体制を構想したのであった．

　本書の定義とは異なるが，モンテスキューも政治的自由という考えを述べている．彼によれば，「公民における政治的自由とは，各人が自己の安全について持つ確信から生ずる精神の静穏である」（モンテスキュー 1989：上，291）．公民（市民）が自己の安全を脅かされることなく，精神的な安寧を得ることができるかどうかということが，君主政における政治的自由の本質である．君主の恣意によってすでに各階層の人々が享受している権利を侵害されず，安定した環境を維持することができることが，モンテスキューの考える政治的自由の眼目である．これに反して，君主が全権を掌握していれば，人々は精神的にも不穏な状態に置かれることになり，政治的自由を享受することなどできないであろう．だからこそ，権力分立という制度・構造が，政治的自由には必要不可欠なのである．

(2)　モンテスキューの政治思想の現代性と限界

　モンテスキューの国制論は，権力分立という概念として現代の政治学や法律学にも継承されている．権力分立論の特徴は，並列的な権力を等しく配置することによって，各権力間の相互抑制をとおして均衡状態を生成する点に

ある．そのため，権力の多元性を維持することが可能となり，結果として国
家内の自由を保つことができる．つまり，モンテスキューは，構造的・制度
的に自由を保つ構想を提示している．

　モンテスキューは，共和政を評価しながらも現実的な観点からそれを放棄
した点で，本書がいうところの政治的自由の可能性については否定的であっ
た．実際に，「古代の諸共和国の大多数には，一つの大きな欠陥があった．
それは，何らかの執行を要求する能動的な決議を行う権利を人民がもってい
たことである．これは人民には全く不可能である．人民はその代表者たちを
選ぶためにのみ統治に参加すべきである」（モンテスキュー 1989：上，296）
と記しており，民衆の公的領域への参加すなわち政治的自由を否定している．
この点において，モンテスキューは，時代的制約を乗り越えることはできな
かった．他方，個人的自由について，モンテスキューは直接的に語ってはい
ない．しかし，個人の精神的な静穏を重視していることを考えると，現代の
個人的自由に通じる自由観を持っていたと評価することができる．これらの
ことを総合的に考えると，モンテスキューを現代へと続く自由主義の源流の
ひとりとして位置づけることができる．

　また，モンテスキューに関してもう一点触れておかなければならないこと
は，商業経済に対する彼の肯定的評価である．モンテスキューは，経済が政
治に与える影響を重視していた．カトリックの教義や貴族的伝統に根ざした
価値観においては，経済活動は貪欲さと関連視され，否定的に見られていた．
対して，貿易活動がさかんなボルドーで生まれ育ったモンテスキューは，商
業経済に対する偏見は希薄であった．彼は，商業活動が人間の精神や習慣を
穏和なものにして，文明化を進める原動力になると考えた．それだけでなく，
君主の権力も商業経済に依拠せざるをえなくなるため，経済の発展は専制の
抑止にもつながる．商業経済を評価するモンテスキューの政治理論は，軍事
力や暴力に裏づけられた政治を中心とする社会から，経済活動をとおして穏
和な精神性を身につけた人々によって構成される社会への変化の必要性を主
張するものであった．モンテスキューは，政治の時代から経済の時代へと変

化していく歴史の転換点で思索を行った政治思想家であった

　しかしながら，モンテスキューの政治思想には限界も存在する．絶対王政に対する批判と民衆による共和政の否定に共通して見え隠れしているのは，貴族としてのアイデンティティとそれへのこだわりである．彼の政治思想のなかで，君主を適切に支え，権力の多元性を維持することが可能なのは，法服貴族に代表される貴族階級である．つまり，モンテスキューの政治思想は，貴族階級とそれを中心とする階級社会が前提となっており，彼の自由論もその存在の上に構築されている．そのため，彼の思想は自由主義のひとつの源流であると同時に，保守主義の一源流でもある．モンテスキューにおいて，自由主義と保守主義は交錯しているのである．

第**6**章

トマス・ホッブズ：社会契約説①

1. 「万人の万人に対する闘争」

(1) ホッブズの生涯

　トマス・ホッブズ（1588-1679）は，イングランド国教会の下級聖職者の父と平民出身の母の次男として生まれた．父親が暴力事件を起こしたため，ホッブズは裕福な親戚に引き取られることになった．しかし，そのおかげで，彼は高い教育を受けることが可能になった．ホッブズはギリシア語やラテン語を学び，1603年にオックスフォード大学に進学した．この当時のオックスフォード大学ではスコラ学の研究がさかんで，ホッブズもそれを学んだ．大学卒業後，ホッブズは名門貴族のデボンシャー伯爵であるキャヴェンディッシュ家の家庭教師として雇われる．この当時，民衆階級出身の大学卒業生にとって，貴族の家庭教師という職業に就くのは一般的なことであった．また，貴族の家庭教師は，知識人として恰好の経験ができる仕事でもあった．この頃より，貴族の若い子弟たちによるグランドツアーと称する海外視察旅行が広く行われるようになってきており，その家の家庭教師も同行することが多かった．ホッブズもキャヴェンディッシュ家のグランドツアーに3回同行し，ヨーロッパ諸国をめぐってガリレオ・ガリレイ（1564-1642）やルネ・デカルト（1596-1650）といった知識人たちと交流した．また，ホッブズはこれらのヨーロッパ旅行のなかでユークリッド幾何学を知る．それはホッブズが40歳頃の出来事だといわれているが，この経験は彼の思想形成に大きな

影響を与えた．

　イングランドで革命の危険性が高まると，ホッブズは早々にフランスに亡命した．1640年のことである．国王チャールズ1世の息子であるイングランドの皇太子（後の国王チャールズ2世）がフランスに亡命すると，ホッブズはその家庭教師を務める．ホッブズの主著『リヴァイアサン』の草稿が書かれたのはこの亡命時代であり，彼はこの草稿を皇太子に献呈したが，その内容から無神論者であると疑われ，しだいに皇太子から遠ざけられるようになる．

　1651年，『リヴァイアサン』が出版された年，ホッブズはイングランドに帰国する．この時，イングランドではピューリタン革命後の革命政権が成立しており，彼はオリバー・クロムウェルの共和政政府に服従する．しかし，1660年にかつて家庭教師を務めていた皇太子がチャールズ2世として王位に即いて王政が復活すると，今度は王権に服従した．すでに『リヴァイアサン』の内容から無神論的との評価が下されていたことに加えて，王権を裏切って共和政政府に服従したホッブズに対して，チャールズ2世は冷淡であった．結局，ホッブズはもともと仕えていたキャヴェンディッシュ家に引き取られて，そこで1679年に息を引き取ることになる．

(2)　ホッブズの人間観

　ホッブズは多くの著作を残したが，『リヴァイアサン』は質料ともに他の著作を圧倒している．『リヴァイアサン』は4部構成となっており，特に第1部の人間論と第2部の国家論が彼の政治思想を検討する上で重要になってくる．そこでまずはホッブズの人間論について考えていきたい．

　ホッブズは，『リヴァイアサン』を，人間論とりわけ人間の認識論から始める．人間の認識の根源には，感覚（sense）の存在がある．人間は，さまざまな感覚器官によって外部の状況を感知する．人間は特殊な能力を持っている．人間は，感知したものが実際に目の前から消えても，それを映像として想い起こすことができる．ホッブズは，この作用を，造影（imagination）

と呼んでいる．また，人間は，造影で認識したものに対して，名称（appel-lations）もしくは名辞（names）を付ける能力を持っている．この作用と行為を積み重ねることによって，人間は推理（reason）することが可能になる．この推理の能力は，人間の知性を著しく進歩させた．というのも，この能力があることによって，人間はかけ離れているかのように見える事象であったとしても，それらの関係性を的確に理解し，総合的にその存在を把握することできるようになるからである．そして，人間がこのようなことをなしえるのは，言葉を使用するからである．

　ホッブズの認識論の特徴は，人間を一種の知的な生命体・運動体として，きわめて冷静な目で理解していることである．ホッブズはオックスフォード大学で学んだが，そこで主流だったのはスコラ学であった．スコラ学の中核はアリストテレスであり，その考えに基づけば人間は善を志向するという目的を有する存在であったはずである．これに対して，ホッブズは，人間が目的志向性のない知的な生命体であると主張することによって，明確にスコラ学的な人間観を否定した．

　さて，ホッブズは，人間は生まれながらに平等であると明言している．「自然は人びとを，心身の諸能力において平等につくったのであり，その程度は，ある人が他の人よりも肉体においてあきらかにつよいとか，精神のうごきがはやいとかいうことが，ときどきみられるにしても，すべてをいっしょにして考えれば，人と人とのちがいは，ある人がそのちがいにもとづいて，他人がかれと同様には主張してはならないような便益を，主張できるほど顕著なものではない，というほどなのである」（ホッブズ 1992：第 1 巻，207）．これは理念として人間の平等を訴えているものではなく，生物的な事実としての人間の平等について述べている．それぞれ人間の力の差は，一般に考えられているほど，実は大きくない．たとえば，非力な人間であったとしても，他の人間と共謀することによって，より力の強い者を倒すこともできる．ホッブズがいう人間の平等は，生物としての人間の本質を力に求めた上で，それを基準として考える平等であった．

　ホッブズの人間論は科学的な検証を経て導き出されたものではないが，生物としての人間の実態をそのまま分析した点で，科学的な視点を有した見解だということができる．この唯物的・機械的な人間論は当時の科学を支配していたアリストテレス哲学だけでなく，神学の主流となっていたトマス・アクィナス的な人間論とも異なるものであり，ホッブズの考えが無神論的だと理解されたのもやむをえないことであった．

（3）　ホッブズにおける自然状態

　政治学では，秩序を担保する政府のような組織や機構が存在していない状態を，「自然状態」（state of nature）と呼んでいる．ホッブズによれば，自然状態における人間は，本性的かつ必然的に争いに向かっていく．その原因は第一に競争，第二に不信，第三に誇りにあり，これらは暴力という形で表出される．その結果，自然状態においては，人間は生存をめぐる闘争のなかで生きるのを余儀なくされることになる．ホッブズはいう．「人々が，彼らすべてを威圧しておく共通の権力なしに，生活している時には，彼らは闘争と呼ばれる状態にあり，そういう闘争は，各人の各人に対する戦争〔本書著者注：万人の万人に対する闘争〕である」（ホッブズ 1992：第 1 巻，210）．

　「万人の万人に対する闘争」（bellum omnium contra omnes）が発生する根本的な原因は，人間は本質的には平等であるというホッブズの人間観にある．秩序を維持する機関が存在しない自然状態において，人間の平等は自らの生存を危うくする要素でしかない．人間は平等であるからこそ，各人の力が拮抗することになり，そこに恐怖の均衡が生まれることになる．そのような環境のなかで人間が文明的で安定的な生活を送ることは不可能であり，「人間の生活は，孤独で貧しく，つらく残忍でみじかい」（ホッブズ 1992：第 1 巻，211）．また，そこに，正邪の観念は存在しない．

　また，ホッブズの自然状態が闘争状態に陥る，もうひとつの原因がある．それは，人間の世界の資源の一定性と人間の持つ予見能力である．ホッブズが前提としている世界は，資源が増加することのない世界である．そのため，

そこでは，限られた資源をめぐって人間が相争うことになる．人間は先の事態を予測する予見能力があるので，自身が欠乏状態に陥らないように，先を争って有限な資源を獲得するために行動する．これが闘争状態を激化させるのである．

　ホッブズの考えでは，人間は知的な能力を持っているが，しかしその知的能力によって万人の万人に対する闘争にはまり込んでしまう，恐怖と相互不信に苦しむ，ある種悲劇的な存在なのである．

　ちなみに，万人の万人に対する闘争という自然状態は，実際に戦争が発生している状態ではない．人々が恐怖と相互不信に駆られて，争いの意志を抱いている状態は，すでに闘争状態なのである．

2．自然権と自然法

（1）　自己保存の権利としての自然権

　自然権（Jus Naturale ; Right of Nature）とは，簡単にいえば，政府や政治社会といったものが存在していない自然状態においても人間が保有しているとされる権利のことである．人間の生命の安全や身体の保護に関する権利は自然権において何よりも求められるものであるが，ホッブズの自然権概念はとりわけその性格を強調したものになっている．

　ホッブズのいう自然権は，人間が自らの生存すなわち「自己保存」（self-preservation）を目的として，自分で自由に判断し，行動できることを指している．ホッブズの言葉を引用すれば，自然権とは，「各人が，彼自身の自然すなわち彼自身の生命を維持するために，彼自身の意志するとおりに，彼自身の力を使用することについて，各人が持っている自由であり，したがって，彼自身の判断力<ruby>判断力<rt>ジャジメント</rt></ruby>と理性<ruby>理性<rt>リーズン</rt></ruby>において，彼がそれに対する最適の手段と考えるであろうような，どんなことでも行う自由」（ホッブズ1992：第1巻，216）のことである．要するに，人間は，理性が自己保存のために必要であると判断されたことは，何でもすることができるということである．

　ホッブズは，この自然権を，自由として理解している．彼は，自由とは自らに対する外的な妨げがない状態のことであるという．ホッブズは，人間の理性の力を評価していた．人間は理性を使って，考え，行動する能力を有している．この理性が最もよく機能するのは，自己保存が目的の場合である．人間は何よりも自己保存を重視しているが，良くも悪くも人間は平等であるため，自身の生存を確実なものにすることは難しい．そのため，人間は理性を駆使して，必死に自己保存を図る．ホッブズにおいては，この人間の本性こそが自然権なのであり，その講師が自由なのである．

　ただ，すべての人間が自然権を行使して自己保存に走った場合，人間集団全体としては摩擦が生じることになる．各人が有限な資源の確保に躍起になれば，人間どうしの衝突が生じて，各人の生存がかえって危うくなる事態が発生する．つまり，自然状態において各人が自然権を行使する事態は，その目的に反して各人の生命を危機にさらすことになる．自己保存をめざす自然権が，万人の万人に対する闘争をひき起こすのである．

(2) 自然法の意味

　自然法（Lex Naturalis ; Law of Nature）は，人定法がない状態においても存在しているとされる，普遍的な性格を有する法の概念である．自然権とともに，自然法という概念は古くから西洋の政治思想に存在した．しかし，ホッブズは，ここでも自然権の場合と同様に独特な自然法概念を提起している．彼が自然法に期待しているのは，各人の自然権の発露によって生じる闘争状態を打開する役割である．

　ホッブズは，3種類の自然法概念を提示している．第一の自然法は，「平和を求め，それにしたがえ」である（ホッブズ 1992：第1巻，217）．これは，ホッブズ自身の人間観や自然状態観とは相反する要求である．そのため，これに続く，第二の自然法が求められることになる．

　第二の自然法については，ホッブズは次のように記している．「人は，平和と自己防衛のためにかれが必要だとおもうかぎり，他の人びともまたそう

であるばあいには，すべてのものに対するこの権利を，すすんですてるべき
であり，他の人びとに対しては，彼らが彼自身に対してもつことを彼がゆる
すであろうのと同じ大きさの，自由をもつことで満足すべきである」（ホッ
ブズ 1992：第 1 巻，218）．ホッブズの政治思想においては，自然権の取り扱
いが最大の課題となる．この問題に関して，彼はこの権利を積極的に放棄す
ることの必要性を訴える．自然権の発露が自然状態すなわち闘争状態を招来
するのであれば，むしろ自然権は本来の意図に反して自身の生存を危うくす
る最大の要因となる．そのため，ホッブズは，人間が本性的に有していると
される自然権の放棄をあえて訴える．ただし，ホッブズはこれに条件を付け
ている．それは，他者も同様に自然権を捨てる場合にのみ，自身もこの権利
を放棄するということである．他者が自らの生存のために何でもできる状態
で自分だけが自然権を放棄するのでは，自己保存は危うくなる．そこで，ホ
ッブズは，すべての人が一斉に自然権を放棄することを求める．

　第三の自然法は，「人々は，むすばれた信約を履行すべき」（ホッブズ
1992：第 1 巻，236）というものである．この自然法は，自然権の一斉放棄
を人々に遵守させるためのものである．ホッブズは第三の自然法こそが正義
（Justice）の源泉と起源であると記している．ホッブズの正義論に，神は不
必要である．人間が自身にとって最も重要な自己保存を図るために約束を守
ることこそ，人間にとって最も根本的な正義となる．

　古代においても，中世においても，自然法は人間に由来するものではなか
った．自然法は人間の存在に先立つ形で普遍的に存在している法という性格
を有していた．そのため，神と結びつけられて宗教的な性格を帯びることも
あった．これに対して，ホッブズの自然法は，徹底して人間中心の考えに基
づいて定義されている．自然法は正義の起源だが，それは人間の生存を実現
するための手段なのであり，狭義の道徳とは無縁のものである．

3. ホッブズの社会契約説における国家

(1) 自己保存の実現者としての国家

ホッブズにおいて,「契約」(contract) は,自然法で約束された自己保存のための最低限の環境を確実なものにする取り決めである. それは,具体的には,「権利の相互的な譲渡」(ホッブズ 1992:第1巻, 221)を意味する. しかし,相互不信を特徴とする人間関係において,安定的に自然権の権利譲渡を実現することは難しい. ここで希求されるのが,強力な国家 (commonwealth) である.

国家は,「すべての権力と強さとを,ひとりの人間に与え,または,多数意見によってすべての意志をひとつの意志とすることができるような,人々のひとつの合議体に与えること」(ホッブズ 1992:第2巻, 33)によって,成立する. ホッブズは,すべての権力を掌握した存在を,「主権者」(soveraignty) と呼ぶ. 主権者は,君主のようなひとりの人物でも,議会のような合議体でも構わない. このように,ホッブズは統治者の内実を問題としていない. なぜなら,彼にとって何より重要なことは,この主権者が,それ以外の人々(臣民)の安全を守ることができるかどうかということにあるからである.

ホッブズの社会契約は,自己保存という目的のために,人間が自己の自然権を完全譲渡することに特徴がある. いったん国家が成立すれば,主権者以外の臣民は完全に受動的な存在となり,主権者の指示に服従する以外にない. しかも,臣民は,主権者の行為を,自らが行ったものとして承認しなければならない. その点において,ホッブズの考える国家は,絶対的な国家である. というよりも,絶対的な権力を握っているからこそ,人々の安全を保障できるのである.

しかしながら,あくまでも,ここでのホッブズの国家は,人民の意志に基づく共同体である. 彼の表現を用いれば,「設立による国家」(ホッブズ

1992：第2巻，34）である．また，この国家は「一人格に統一された群衆」（ホッブズ 1992：第2巻，33）という特徴を持つ．つまり，ホッブズにおける国家は，自己の生存を確実にすることをめざす人々の意志によって形成された集合的人格ということになる．『リヴァイアサン』初版本の表紙には，巨人の姿が描かれている．この巨人は，無数の人間によって形作られている．この絵は，ホッブズの国家が集合的人格であることを表現している．ホッブズは，この巨人すなわち国家を，『旧約聖書』の「レビ記」に登場する怪物になぞらえて「リヴァイアサン」（レビヤタン）と呼んだ．

　ホッブズは，自由な人間とは，「かれの強さと知力によってかれがなしうる物事のうちで，かれがする意志をもつものごとを，おこなうのをさまたげられない人」（ホッブズ 1992：第2巻，87）であると記している．ホッブズは，このような人間の自由と主権者の無制限な権力が両立すると考えている．この論理が成り立つには，臣民自身が主権者の行為の当事者であるという前提が存在していなければならない．そして，何よりも，人間は自分自身の生存が確実に守られなければならない．ホッブズの考えでは，たとえば主権者が臣下である人民に死を命じた場合，その臣下は自身の生存のために逃亡することが認められる．また，生命を危険にさらす兵役の忌避も容認されている．ホッブズの自由は，人間の根源的な欲求である生存欲求と密接に結びついている．そもそも，人々は自己保存のために国家を形成したはずであり，絶対的であるはずの国家権力も，個人の生存の要求に優ることはできないのである．

（2）　ホッブズの社会契約説の意義

　ホッブズの社会契約論の起点は，徹底した機械的人間論にあった．彼の人間論には，人格や道徳に対する配慮は見られない．機械的な人間論は，機械的な国家論に到達する．ホッブズの考えでは，国家は自己保存を確実にするための道具に過ぎない．その国家は絶対的ではあるが，それはあくまでも人々の安全を守るため手段なのである．そして，この国家は，人工的な性格

を有することになる．国家は，神によって権威が認められたものではなく，自己保存という，きわめて生々しい人間の欲求を実現するための人為的産物なのである．

ホッブズは，アリストテレスによって示された目的志向型の政治学を完全に否定する新しい政治学を樹立した．アリストテレスは，人間を「ポリス的動物」と定義し，国家を人間に先立つものとして考えた．人間は，ポリスの一員として活動することによってはじめて，真の人間へと成長することができる．これに対して，ホッブズにおいて，国家は人間に対して劣位に置かれる．どれほど強大な権力を国家が握っていたとしても，理論上はひとりの人間が国家よりも優位に存在することになる．

ホッブズの考える自由は，既述のとおり，自然権と同義である．自己保存こそが自由である．人間にとっての根源的な目標が生存であるとするなら，自己保存の追求は個人的自由の究極の形である．主権者に死を強いられるような状況に陥った場合は，逃亡しても構わないという見解は，強烈な個人的自由の意識に裏打ちされたものである．

他方，ホッブズは，政治的自由に対しては淡泊である．彼は民衆や市民の政治参加などは求めず，それどころか各人の自然権の譲渡を主張する．また，ホッブズは主権者の内実を問わなかった．自己保存を確実にしてくれる存在であれば，君主でも議会でも構わなかった．つまり，ホッブズの政治思想は，狭義の政治に関して冷淡であった．

ホッブズの政治思想は，個人的自由に対する強烈なこだわりと政治的自由に対する淡泊な姿勢に特徴づけられる．2つの自由に対する正反対の態度は，彼の政治思想に特異な性格を与えた．ホッブズの政治学は過去のいずれの政治学とも異なるものとなり，彼はそれまでにない新たな政治学を生み出したということができる．

第7章

ジョン・ロック：社会契約説②

1. 父権論批判

(1) イングランド絶対王政と王権神授説

　ステュアート朝は，ピューリタン革命を乗り越え，1660年に復活した．処刑されたチャールズ1世の子であり，かつてホッブズから教育を受けたこともあるチャールズ2世が王位に即く．チャールズ2世は絶対王政下のフランスで亡命生活を送っていたこともあり，王による専制的な政治を主張し，カトリックに対する親近感も隠さなかった．これに対して，議会は1673年に審査法を定めて官職をイングランド国教会の信者に限定するだけでなく，1679年には恣意的な逮捕・投獄を禁止する人身保護法を制定して，絶対王政に対抗した．チャールズ2世の死後，後継のジェームズ2世は絶対王政をより強く主張した．それ以上に問題視されたのは，ジェームズのカトリック信仰であった．

　イングランドにおいて，カトリック教会の取り扱いは長く政治問題化していた．カトリックは普遍的な権威を主張し，実際の政治的な影響力を各国に及ぼしていた．かつて，ヘンリー8世はスペイン王家出身の王妃との離婚問題に端を発した衝突により，カトリック教会と絶縁してイングランド国教会を樹立した．これによって，イングランドは，宗教面だけでなく政治面においてもカトリック教会およびカトリックの列強諸国からの自立を実現した．つまり，カトリック教会からの自立が，イングランドの絶対王政を確立した．

ところが，ステュアート朝の復古王政においては，チャールズ2世もジェームズ2世もカトリックと結びついた絶対王政の確立を企てた．他方，議会を中心とした多くの市民の間には国教会が定着し，カトリックに対する警戒感が高まっていた．

イングランドの絶対王政は，国教会制度と一体化して確立されていった．その起源が政治的な動機であったことから，イングランド国教会は当初は教義的に未整備であったが，トマス・クランマー（1489-1556）らによる教義の整備や欽定訳聖書の刊行，祈禱書の制定などをとおして，カトリックとプロテスタントの間に存在する中道的な教会としての性格を整えていった．その結果，イングランド国教会は，民衆も含む広範な支持を得るようになる．これに対して，ステュアート復古王政の君主はカトリックに傾斜していくことによって，国教会を支持するようになっていた民心からしだいに離れていく．特に，復古王政の君主たちはフランスで亡命生活を送っていたこともあり，イングランドの市民や貴族たちはカトリックだけでなく，フランスの影響力に対しても警戒心を抱き，絶対王政に対して批判的な空気が醸成されていた．

ジョン・ロック（1632-1704）が，生きたのはそのような時代であった．彼の両親は熱烈なピューリタン（イングランドにおけるカルヴァン派信者の呼称）であり，法律家であった父親はピューリタン革命の際に議会派として戦闘に加わるほどの人物であった．ロックは幼い頃より行き届いた教育を受け，1652年にオックスフォード大学に入学する．大学での教育は古くからの古典教育が中心であったが，それに不満を覚えた彼は医学や化学の研究にも取り組んだ．この経験は，後にロックが経験論哲学を構想するのにあたって，大きな影響を与えることになる．オックスフォード大学を卒業すると，彼は大学の研究員の資格を獲得し，その後にギリシア語や哲学の講師を務め，教育義務などを免除された特別研究員の資格も得る．これらは，彼が知識人として高く評価されていたことを証明するものである．同時期，ロックは，運命的な出会いを果たす．ホイッグ党の指導者であったシャフツベリー伯爵アシュリー＝クーパーとの出会いである．この頃，シャフツベリーは，イング

ランド国教会を支持し，国王の専制を抑え込むために，議会を中心に活動していた．ロックはシャフツベリーの邸宅に居を移し，そのブレーンとして活動をともにした．しかし，これは，シャフツベリーと運命共同体になることも意味した．シャフツベリーはカトリックに傾いていた王弟ヨーク公爵を王位継承者からはずすための運動を先導していたが，結局ヨーク公爵はジェームズ 2 世として即位し，この運動は失敗に終わった．シャフツベリーはオランダに逃亡し，ロックも同様に亡命を余儀なくされた．しかし，ジェームズの治世は長く続かなかった．ジェームズと議会との対立は激しくなり，議会は 1688 年にオランダ総督ウィレム 3 世と妻メアリを招請した．ジェームズは亡命し，翌年ウィレムとメアリは議会から提示された「権利の宣言」を受け入れて王位に即いた．いわゆる，名誉革命である．その結果，ロックもイングランドへの帰国がかなった．

　この間，ロックは漫然と状況に流されていたわけではない．むしろ，積極的に，ホイッグの立場から，絶対王政を厳しく批判した．思想的に，名誉革命への流れを支援したのである．この後，詳細に考察していく『統治二論』（1690）は，まさにそのための著作であった．この著作は名誉革命後に刊行されたものであるが，1683 年までには執筆を終えていたといわれている．つまり，『統治二論』は，復古王政期の，それも王権と議会との対立が激化しつつあった時期に構想されたものであった．そのため，『統治二論』は名誉革命を追認したものでも，名誉革命体制を事後的に承認したものでもなく，あるべき政治体制を理論的に提示した著作だと評価することができる．これは革命前に公にされることはなかったが，その理念はさまざまな形で革命を推進した人々に浸透していったであろうことは想像できる．その意味で，ロックは名誉革命のイデオローグであった．

　帰国後のロックは，経験論の立場から人間の知性について論じた『人間知性論』（1690）などの著作を立て続けに発表し，積極的に知的考察の成果を明らかにした．革命後のイングランドにおいて最上級の知識人として遇された．死去したのは，1704 年である．

(2) フィルマー父権論に対する批判

ロックの『統治二論』は，二部構成となっている．前篇はロバート・フィルマー（1588 頃-1653）が主張した父権論に対する批判であり，後篇は適切な政治体制のあり方に関する考察である．ここでは，まず前篇から見ていく．

フィルマーの父権論は，絶対王政を主張した人々が依拠した政治理論であった．フィルマーは以前に死去していたが，王権派の人々はかつての彼の著作を用いて，王権の絶対性を主張した．フィルマーは，『聖書』の言葉を根拠として，人類の祖とされているアダムに与えられた現世の支配権を，君主が継承していると主張した．『聖書』には，「産めよ，増えよ，地に満ちて，これを従わせよ．海の魚，空の鳥，地を這うあらゆる生き物を治めよ」（「創世記」第 1 章第 28 節）という記述がある．これは神がアダムとエバにかけた言葉だが，王権派はこのような『聖書』の言葉を，君主がこの世において絶対的な支配権を持っていることの根拠と考え，そのように主張した．

これに対して，ロックは，同じ『聖書』を根拠として，フィルマーの父権論の論駁を試みた．それもフィルマーが絶対王政の根拠としている個所を綿密に分析して，その記述が絶対王政を支持するものではないことを明らかにしている．たとえば，先述の「創世記」の文章は，人間に対してそれ以外の生物の支配権を与えることを意味するものであり，特定の人間による他の人間の支配権を認めるものではないことを，ヘブライ語の原意までたどりながら明らかにしている．

近年の研究では，『統治二論』の持つ宗教的・神学的性格に注目が集まっている．ロックは狂信的ではないが，敬虔なキリスト教（プロテスタンティズム）信仰の持ち主であり，神に対する強い信頼感を持っていた．そこで，彼が『統治二論』を著したのは，単に政治的な要因だけでなく，彼の宗教的信念に基づいていたのではないかという見解が提起されている．もし『統治二論』がそのような動機によって執筆されたのだとすれば，フィルマーや彼の理論を利用して絶対王政を主張する人々に対するロックの不満はかなり強かったはずである．

　さて，フィルマーの理論は，国王の権力と家父長としての父の権力を同一視している点が特徴である．フィルマーは，国王の権力と，子どもを養い育て家庭を統治する父親の権力を重ねている．このような考えの下では，市民は臣民として王に隷属する存在として位置づけられ続けることになる．そのため，ロックは，フィルマーの考えが，「すべての統治は絶対王政であること」「いかなる人間も自由には生まれついていないということ」（ロック 2010：29）を求める政治思想であると明言し，批判している．ロックは『統治二論』の序論において，「隷属状態は，人間にとってこの上なく卑しく悲惨な状態であって，わが国民の高潔な気質や勇気とはまったく相容れないものである」（ロック 2010：27）と明確に述べている．自由に対する強い思いを持つロックにとって，フィルマーの理論は到底受容できないものであった．まして，それが『聖書』の文言を利用しているものであるとすればなおさらであった．つまり，ロックの政治思想は，イングランドの人々の精神の中核を自由と考え，それを確実なものにしようとする試みだったわけである．

2．ロックにおける自然状態と自然法

(1)　安定状態としての自然状態

　ホッブズと同様に，ロックもあるべき政治体制に関する議論を自然状態から始める．ロックによれば，それは，「人それぞれが，他人の許可を求めたり，他人の意志に依存したりすることなく，自然法の範囲内で，自分の行動を律し，自らが適当と思うままに自分の所有物や自分の身体を処理することができる完全に自由な状態である」（ロック 2010：296）．また，自然状態は，「平等な状態であり，そこでは，権力と支配権とは相互的であって，誰も他人以上にそれらを持つことはない」（ロック 2010：296）．だが，「この自然状態は，自由の状態ではあっても，放縦の状態ではない」（ロック 2010：298）．つまり，ロックの考える自然状態は，自由かつ平等で，その上に一定の抑制の効いた，きわめて安定的な状態である．これは，理想状態といわないまで

も，人間にとってかなり快適な環境であるということができる．これは，自
然状態を「万人の万人に対する闘争」と考えたホッブズとは，きわめて対照
的な自然状態観である．ここでは，人々は安定的に個人としての自由を享受
することが可能となる．

　ホッブズにおいては自然状態と同義であった戦争状態は，ロックにおいて
は自らの絶対的権力の下に他人を置こうと試みる者が現れた時に発生する．
ここには，絶対王政に対する批判が込められている．ホッブズは，人間が自
然権を個々に追求した際に戦争状態が発生し，それを克服するためには絶対
的権力による支配が必要であると考えた．ロックは，ホッブズの考えを完全
に否定する．ロックにおいて，人間は自由で平等でなければならず，いかな
る理由があったとしても，自由の抑圧につながるような権力は認められない．
それ以前に，そもそも人間は自然状態において自由であるため，絶対的な権
力が求められる必要はないのである．

　その結果として導き出されるのは，「各人が各人に対する権力をもつ」こ
とであり，「すべての人間は自然法の侵犯者を処罰する権利を持ち，自然法
の執行者となる」ことである（ロック 2010：300-1）．これは，各人が自由で
平等であれば，必然的に到達する結論である．すべての人が等しく自然法に
基づく処罰権を行使することができるとなると，人々の間に争いが生じる危
険がある．しかし，ロックによれば，基本的にその恐れはない．その理由は，
自然法の存在にある．

(2)　自然法の機能

　ロックにおける自然状態が安定的で自由である理由は，自然法にある．ホ
ッブズにおいて，自然法は人間どうしによる，自然権を確実なものにするた
めの約束事に過ぎなかった．他方，ロックにおける自然法は，「全人類に対
して，すべての人間は平等で独立しているのだから，何人も他人の生命，健
康，自由，あるいは所有物を侵害すべきではないということを教える」（ロ
ック 2010：298）ものである．自然状態においても自然法は存在し，そこに

生きる人間も自然法に適った生を送る．

　ロックが，このような自然法と自然状態の関係を想定したのは，神に対する信頼があったからである．すべての人間は神の被造物であり，その点において平等であるため，相互に攻撃しあうような従属関係は想定されない．また，自然法は神による秩序の指針としての性格を持っている．ロックの政治思想においては，自然状態であったとしても，このような自然法が存在している限り，一定の安定状態が維持されるのである．

　ただし，先述のとおり，その自然法をいかに執行するのかということに関する権利は各人に委ねられており，すべての人間が自然法に違反する者の処罰者である．それにもかかわらず，ロックにおける自然状態がホッブズのそれのように「万人の万人に対する闘争」に陥らないのは，ロックにおいては人間が自然法の範囲内で，同じ自然法の執行者として相互に容認しあっているからである．自然法は人間を束縛するものではなく，人間がたがいに他者を受容し，共存していくためのものとして機能している．

3.　「プロパティ」とは？

(1)　中核的権利としての「プロパティ」

　ロックが人間の中核的権利としたのが，「プロパティ」（property）である．彼のいうプロパティの第一の特徴は，これが一般に用いられる所有権という意味にとどまることなく，広く生命や自由に関する権利として意味づけられていることである．プロパティは，すべての人に対して天から与えられた権利であり，人間の生全体に関わる権利である．すべての人がプロパティの享受者であり，行使者でもある．そのため，ロックにおいて，所有権は自然権とほぼ同義である．人間にとって，最も重視されるべき権利である．

　第二の特徴は，プロパティという権利の不可欠な要素として，労働が挙げられている点である．ロックは次のように記している．「たとえ，大地と，すべての下級の被造物とが万人の共有物であるとしても，人は誰でも，自分

自身の身体に対する固有権をもつ．これについては，本人以外の誰もいかなる権利をももたない．彼の身体の労働と手の働きとは，彼に固有のものであるといってよい．したがって，自然が供給し，自然が残しておいたものから彼が取り出すものは何であれ，彼はそれに自分の労働を混合し，それに彼自身のものである何ものかを加えたのであって，そのことにより，それを彼自身の所有物とするのである」（ロック 2010：326）．人間にとって，自分の肉体は自らの所有物であり，その肉体を用いて労働を行うと，その収穫物は自分のものとなる．この原則が所有すなわちプロパティの基礎となる．要するに，プロパティを確実なものにするのは，人間の労働である．労働こそが，人間の権利の源ということになる．

　労働は，ホッブズ的な自然状態を否定する根拠にもなっている．ホッブズにおいては，有限で希少な資源の争奪が，万人の万人に対する闘争の原因となっていた．他方，ロックにおいては，労働によって資源は生産されて増大させることが可能となる．結果的に，人々が自己保存のために生存競争に躍起になる必要性は低下する．ロックにおける自然状態が一定の秩序を有しているのは，労働という人間の活動がプロパティを支えていることも大きく影響しているのである．

　労働というものがプロパティの基礎に据えられたことは，私有財産制度の理論的な肯定を導き出すことになった．ヨーロッパにおいては，古典古代やキリスト教の影響などもあり，長く労働は否定的に受け取られてきた．また，私有財産制もこれと同様に，人間の強欲さと結びつけて考えられる傾向があった．しかし，ロックは，労働をはじめとする経済的な要素を肯定的に捉え，自らの政治思想を支える根幹と考えた．労働の成果は，永続的に保有することができる貨幣というものに姿を変え，貨幣の蓄積が私有財産制度の実現を可能にする．また，ロックはここでも神を登場させる．プロパティという権利を最終的に保障するのは神であり，結果的に貨幣も私有財産制度も神によって積極的に容認されることになる．西洋政治思想において，公的な性格を持つ政治に対して，私的なものとして否定的に捉えられてきた経済は，ロッ

クにおいてまったく異なる評価を獲得し，これ以降政治と経済の関係性が政治思想における重要なテーマとなっていく．

(2)　ロックにおける政治社会の形成

ロックの自然状態は自由で安定的であるため，一見すると政治社会の必要性は低い．それにもかかわらず，政治社会が求められるのは，自然状態ではプロパティの保護が完全ではないからである．そこで何者かが自然法を犯して他者のプロパティに危害を加えた際，それを処罰して刑を与える存在が必要になる．

ロックは，政治社会の形成を 2 段階に分けている．第一段階が「政治社会」（political or civil society）の形成であり，第二段階が「政治権力」（political power, civil power）への権力の「信託」（trust）である．

第一段階で必要とされるのは，自由かつ平等で理性を有する人間によって結ばれる，「相互に，一つの共同体に入り，一つの政治体を作ることに同意し合う契約」（ロック 2010：307-8）すなわち社会契約である．ひとりひとりの人間は，政治社会の市民になることによって，本性的に有している権限を失うことになる．しかし，人々は政治社会の構成員となることによって，政治社会全体の意志決定に関与することが可能になる．自然法の執行者は，個々の市民ではなく，政治社会だけとなる．

第二段階は，このような政治社会による意志決定を現実のものとする段階である．政治社会は，それ自体では自然法の執行とプロパティの保護を確実にするための実力を持っていない．その実力を有しているのが，政治権力である．ロックは，これについて，次のように記している．「政治権力とは，固有権の調整と維持とのために，死刑，したがって，当然それ以下のあらゆる刑罰を伴う法を作る権利であり，また，その法を執行し，外国の侵略から政治的共同体を防衛するために共同体の力を行使する権利であって，しかも，すべて，公共善のためだけにそれを行う権利であると考えるのである」（ロック 2010：293）．政治権力は実際の権力であり，そのための機構である．し

かし，統治権力に生存に関するすべての権力を譲渡するホッブズとは異なり，ロックはあくまでのプロパティの保護のための権力を信託しているに過ぎない．政治権力に問題があれば，その信託を取り消すことができるのである．

　信託された側の政治権力は，「立法権力」(legislative power)，「執行権力」(executive power)，「連合権力」(federative power) の 3 種類の権力で構成されている．

　第一の立法権力は，「共同体とその成員とを保全するために政治的共同体の力がどのように用いられるべきかを方向づける権利を持つものである」（ロック 2010：468）．つまり，立法作業をとおして政治共同体全体の意志決定を行う権力である．立法権力は，常時存在している必要はなく，適宜集合し，立法作業が終わったら解散する．これはまさに議会のことである．

　第二の執行権力は，「社会のすべての部分に対して，社会の国内法を社会の内部で執行する」（ロック 2010：470）権力である．文字どおり，これは国内行政に関する権力である．

　第三の連合権力は，「恩恵あるいは損害を受けるかもしれない相手との関係で，公衆の安全と利益を対外的に処理する」（ロック 2010：470）権力である．具体的には，外交と戦争に関する権限である．

　ロックは，執行権力と連合権力を一体的に理解しており，これらを分離することは不可能であると考えている．つまり，これらの 2 つの権力は，同一の存在によって担われる．

　重要なことは，これらの権力の関係性である．至高の権力として置かれるのは立法権力である．執行権力と連合権力は，立法権力の指導の下に位置づけられる．しかし，より大切なことは，立法権力よりも，市民が上位にあるということである．既述のとおり，ロックにおいては，至高の立法権力といってもプロパティの保護という特定の目的のために人々の信託を受けているに過ぎないため，人々の掌中には権力の担い手を変更・移転させる権力が残っている．つまり，ロックの政治思想においては，最上位に政治社会すなわち市民，次に立法権力，最後に執行権力・連合権力という明確な上下関係が

主張されており，この関係性によって市民の意に反した権力の恣意的行使を
防ぐことが企図されているのである．

4.　抵抗と革命から考えるロックの政治思想

(1)　市民の権利としての抵抗と革命

　ロックの政治思想においては，政治共同体が樹立された後においても，最
高の権力は政治社会すなわち市民が有する．市民が立法権力を筆頭とする統
治権力に統治に関する権限を信託するのは，自分たちのプロパティを保護す
るためである．そのため，もし統治権力がその責務を果たせない事態にいた
った場合，それどころか統治権力が自分たちのプロパティを傷つけるような
行動をとった場合，市民はその政治権力への信託を取り消すことができる．
しかしながら，実際に信託を取り消すことに関して，ロックは慎重な姿勢を
示している．これは，自身も革命を経験し，それによって生じる混乱を知り
抜いているからこそ導き出された結論だと考えられる．なぜなら，革命は，
かえってプロパティの保護を困難にするからである．

　だが，ロックは，人々が抵抗権や革命権を有していること自体については
確信している．彼にとって，これらはプロパティに付随する神聖な権利であ
る．それによってひき起こされる混乱を思う時，抵抗や革命の実行は慎重で
あるべきだが，プロパティという天与の権利が侵害されるような事態にいた
った場合には躊躇なく抵抗権や革命権は行使されなければならない．ロッ
クは革命権の行使を「天に訴える」（ロック 2010：588）ことと表現したが，
彼において抵抗や革命は神聖な行為であった．その権利の行使に慎重さが求
められるのは，その行為が神聖なものだからなのである．

(2)　ロックの政治思想の意義

　ロックは社会契約説を代表する政治思想家である．彼は労働に基づいたプ
ロパティを提示することによって，個人の権利という概念の確立に成功した．

政治社会を構成するのは，私有財産という基礎を獲得した個人である．そして，政治社会の紐帯となるのは，自由かつ平等で理性的な個人としての市民の間で結ばれる社会契約である．政治社会という集団を形成したとしても，個人はそこに吸収されてしまうわけではない．また，政治社会の形成は自由な市民による自発的合意に基づくものであるため，自由と矛盾していない．つまり，自分の意志に基づいているため，政治社会に属することは隷属とは異なるのである．

　重要なことは，ロックの社会契約説が「擬制」（fiction）に基づいていることである．社会契約説において，実際に自然状態が存在したのか，また本当に人々が社会契約を結んだのかということを問題とするのは，大きな意味を持たない．社会契約説が依拠しているのは擬制であり，擬制を用いることによって，人間は現状の問題点を批判し，理想の政治体制を構想することが可能になったのである．また，擬制を採用することによって，政治社会が人為の産物であることを主張することも可能になった．政治社会や統治機構が人間の意志と行動に基づいていると説かれたことによって，人間は政治における主体として措定されたのである．

　ロックは，自由こそイングランドの政治的伝統であると考えている．彼のいう自由とは，恣意的な権力による専制やそれに対する隷属が存在しない状態である．同時に，ロックは，各個人が政治的自由の権利の保有者であることも主張した．つまり，彼は，政治的自由と個人的自由の両方を希求した思想家であった．さらに，それを実現するための装置として議会を考えた．政治的自由と個人的自由の双方を希求した思想家は過去にも存在したが，そのための装置として議会を位置づけた最初の人物のひとりがロックであった．つまり，ロックの考える自由は，議会の存在によって現実のものとなる．

第8章
ジャン=ジャック・ルソー：社会契約説③

1. ルソーの文明批判

(1) ルソーの考える自然状態

　ジャン=ジャック・ルソー（1712-78）は，1712年にスイスのジュネーヴで生まれた．この当時のジュネーヴは共和政であり，裕福な商人や親方級の職人らが市政において大きな力を握っていた．ルソーは，自身が共和政のジュネーヴで生まれたことを，生涯誇りに感じていた．彼の父親は時計職人であり，ジュネーヴ共和国において時計職人は比較的上流の階級であった．しかし，父親は，ルソーの幼少時に暴力事件を起こして罪に問われ，ジュネーヴから逃亡する．父親の逃亡後，ルソーはプロテスタントの牧師に預けられた．その後，少年になったルソーは彫金師に弟子入りしたが，そこでは暴力的な扱いを受けている．1728年の春，ジュネーヴ市外に遊びに出ていたルソーは市門の門限に遅れ，これを機に放浪の旅に出る．この放浪の旅のなかで，彼の人生に決定的な影響を与えた出会いとなったのは，貴族のヴァランス夫人との出会いである．ルソーは夫人の庇護を受け，彼女はルソーを音楽学校などにも通わせたが，長続きはしなかった．

　ヴァランス夫人との関係が悪化すると，ルソーは夫人から独立してパリに出る．彼はそこで，当時さかんに活動していた啓蒙思想家たちと関係を結ぶようになる．ルソーは『百科全書』の執筆に参加したり，各地のアカデミーの懸賞論文に応募したりするようになる．思想家ルソーの誕生である．だが，

思想的な対立やルソーの性格的問題などから啓蒙思想家たちとの関係は悪化していく．私生活におけるルソーも，多くの問題を抱えていた．彼は，テレーズ・ルヴァスールと内縁関係を結び，彼女との間には複数の子どもも生まれていた．しかし，彼は子どもたちを孤児院に入れてしまう．

さて，思想家ルソーは，1755年に『人間不平等起原論』を，1762年に『社会契約論』を公刊する．現状の社会や政治に対する批判を含むこれらの著作は，当時の絶対王政体制には受け入れられず，規制の対象となり，逃亡生活を余儀なくされる．死亡したのは1778年のことである．激動の人生を歩んだ政治思想家は珍しくはないが，なかでもルソーは波瀾万丈の人生を送った思想家のひとりである．

思想家ルソーの誕生のきっかけとなったのは，1749年と1754年にディジョン科学アカデミーが公募した論文への応募であった．そこでの第1回論文のテーマは「学問や芸術の復興は，習俗の純化に貢献したのか」というものであり，第2回のテーマは「人間の不平等の起原は何か，それは自然法によって認められるのか」というものであった．

第1回目の公募論文（『学問芸術論』）において，ルソーは「われわれの学問と芸術とが完成に近づくにつれて，われわれの魂は腐敗した」（ルソー1968：19）と記し，学問や芸術が共和主義に不可欠な市民の徳や魂に負の影響を及ぼしていることを批判している．18世紀は，啓蒙思想の絶頂期であった．ドニ・ディドロ（1713-84）やジャン・ダランベール（1717-83）らによって牽引された啓蒙思想は，理性の能力を評価し，人間の可能性を楽観的に追求した学問や思想である．それは，自然科学に対して関心を寄せ，宗教や迷信には否定的であった．学術や文化に対するルソーの見解は，多くの啓蒙思想家の考え方とは一線を画するものとなっている．ルソーと啓蒙思想家の間には，進歩に対する評価に関して根本的な相違がある．この文明の進歩の問題をより詳細に論じたのが，『人間不平等起原論』であった．

第2回目の公募論文である『人間不平等起原論』では，ルソーもホッブズやロックと同様に自然状態から議論を始めている．しかし，そこで描かれて

いる自然状態の様子とそれに対する評価は，ホッブズやロックの場合とは異なっている．「森の中をさまよい，器用さもなく，言語もなく，住居もなく，戦争も同盟もなく，少しも同胞を必要ともしないばかりでなく彼らを害しようとも少しも望まず，恐らくは彼らの誰をも個人的に見覚えることさえ決してなく，未開人はごくわずかな情念にしか支配されず，自分ひとりで用が足せたので，この状態に固有の感情と知識しか持っていなかった．彼は自分の真の欲望だけを感じ，見て利益があると思うものしか眺めなかった．そして彼の知性はその虚栄心と同じように進歩しなかった．偶然なにかの発見をしたとしても，彼は自分の子供さえ覚えていなかったぐらいだから，その発見を人に伝えることはなおさらできなかった．技術は発明者と共に滅びるのが常であった．教育も進歩もなかった．世代はいたずらに重なっていった．そして各々の世代は常に同じ点から出発するので，幾世紀もが初期のまったく粗野な状態のうちに経過した．種はすでに老いているのに，人間はいつまでも子供のままであった」（ルソー 1972：80）．ルソーの自然状態では，人間の知性は未熟なままである．自然状態における人間は，かなり原始的な存在として描かれている．しかし，ルソーの考えによれば，人間はむしろその方が望ましい．彼は，人間は無学である方が純真無垢であり，魂が美しいまま維持されると考えた．

　自然状態における人間は，自らの生存についての関心である「自愛心」（amour de soi-même）と，同じ人間の苦境に対する同情心である「憐憫の情」（pitié）を持っている．ルソーの考える自然状態は，平和である．なぜなら，人間が無垢であるだけでなく，これらの感情を持っているからである．つまり，自然状態であったとしても，またそこに神のような存在を想定しなかったとしても，人間が本質的に持っている心情によって一定の道徳規範が機能していることになる．というよりも，自然状態だからこそ，道徳性が適切に維持されているのである．

　ホッブズやロックの自然状態観と比較した場合，ルソーの自然状態に特徴的なことは，ルソーにおいては基本的に他者の存在が意識されていない点が

挙げられる．自然状態において，人間は群れることなく，ひとりで生きている．人間は学問もなく，言葉を話すこともできない．他の人間と積極的に交わることもない．だが，この純粋な人間たちは平和に生活を送っている．他者との交わりは摩擦を生む危険を常にはらんでいるが，ルソーの自然状態にはそれがないため，基本的にそこは平和な状態である．つまり，彼の考える自然状態は，人間の争いの契機となる要素が存在していない理想状態なのである．

(2)　自己完成能力と文明の発達

　しかし，人間が本質的に有している，自己を向上させる能力である「自己完成能力」（perfectibilité）によって，自然状態の平和は破壊され始める．ルソーの言葉によれば，自己完成能力とは，「周囲の事情に助けられて，すべての他の能力をつぎつぎに発展させ，われわれの間には種にも個体にも存在するあの能力」（ルソー 1972: 53）である．いわば，自己完成能力は，「人間を進歩させてしまう」能力である．人間はこの能力を生得的に持っている．そのために，人間は進歩から免れることはできない．しかし，人間の進歩は，ルソーの考えでは人間の堕落の危機となる．

　自己完成能力によって生み出されたもののなかでも，人間の脅威となったのは冶金（金属の精製や加工）と農業であった．ルソーは，これらを，人間を堕落させたものだと明言している．冶金も農業も，それに携わる人間の能力や技術が重要となるが，そのような能力には個人差がある．これによって生じるのが不平等である．自己完成能力によって，自然状態の平和と安定は破られ，不平等という害悪がもたらされる．

　不平等は人間の精神を変化させていく．かつては自愛心と憐憫の情を持っていた人間だが，不平等を目の当たりにするなかで，それらは「利己心」（amour propre）へと変化していくことになる．自愛心と利己心は似ているようだが，まったく異なる感情である．自愛心が自身の生存に対する素朴な思いであるのに対して，利己心は他者を意識した虚栄心を内在させた感情で

ある．自分と他者を比較し，他人よりも自らが優れていることに満足を覚える感情である．そして，それは自らを偽る感情でもある．

　ルソーの自然状態に関する評価は，ある意味でホッブズよりも悲観的である．なぜなら，もともとは平和に暮らしているにもかかわらず，自己完成能力という人間の本質的能力によって，人間はかえって堕落してしまい，不平等な関係に陥ってしまうからである．そして，ルソーの政治思想は，これが始点となる．

　「ある土地に囲いをして『これは俺のものだ』と宣言することを思いつき，それをそのまま信ずるほどおめでたい人々を見つけた最初の者が，政治社会（国家）の真の創立者であった」（ルソー 1972：85）．進歩した社会の矛盾に気づき，それを利用した人間すなわち道徳的に問題のある人間が，私有財産制度を利用して「政治社会（国家）」（société civile）を樹立する．この点で，ルソーはロックとはきわめて対照的である．ロックでは自然状態の不安定さを克服してめざすべき状態とされていた政治社会が，ルソーにおいては正反対に人間の不平等の結果としてもたらされる道徳的に堕落した状態として描かれている．ロックにおいてはプロパティの中核であった所有の権利が，ルソーにおいては道徳的害悪の核心として認識されている．ここには，ロックに対する批判のみならず，フランス絶対王政に対するルソーの批判が込められている．時代はフランス絶対王政の爛 熟期である．この当時のフランスでは裕福な貴族には免税特権があり，貧しい民衆のみが税負担を負っていた．少数の貴族が免税特権によって負担から逃げている一方で，大多数を占める一般庶民は日々の糧にも事欠くような生活を送っていた．この当時のフランスにおいて，所有や私有財産制度をめぐる問題は，そのまま政治的問題に直結していた．そのため，ルソーには，所有権や私有財産制度を批判する必要があったのである．

2. 一般意志に基づく政治思想

(1) 一般意志とは何か？

　ルソーの政治思想は，人間の本性に起因する不平等とその上に成立する政治社会の問題点の克服をめざして構想されている．1762年に刊行され『社会契約論』は，その構想をまとめたものである．

　ルソーはいう．「人間は自由なものとして生まれた，しかもいたるところで鎖につながれている」（ルソー 1954：15）．人間は本来自由であるにもかかわらず，実際の人間はさまざまな束縛のなかで生きることを余儀なくされている．ルソーは，『社会契約論』において，その問題の解決を政治制度の大胆な変革によって解決することを主張する．ルソーが考え出した方策は，社会契約によって政治共同体を創設することによって，社会の分断と不平等を乗り越え，全体的な一体化を図ることであった．社会契約は，その構想を実現するために人々と結ぶ取り決めである．

　社会契約に求められているのは，各個人の自由の実現と全体的な一体化を両立する役割である．このことに関して，ルソーは，共同体を形成する契約が，全体と各個人が契約を結ぶことであると同時に，「自分」が「自分」と契約を結ぶことでもあると述べている．要するに，個人が社会契約を結ぶ相手は自分自身も含む人民全体だということである．

　この人民全体の意志が，「一般意志」（volonté générale）である．一般意志は，主権者である人民全体の総合的な意志であり，各個人の私的意志の単なる集合である「全体意志」（volonté de tous）とは区別される．一般意志は文字どおり一般的な意志であり，共同体の構成員全体に適用される．また，それは一体的な意志であるために，破壊することはできない．そして，それは政治共同体の公的意志であり，誤りをおかすことはない．この一般意志を踏まえて，社会契約を定義すると，それは，「われわれの各々は，身体とすべての力を共同のものとして一般意志の最高の指導の下におく．そしてわれわ

れは各構成員を，全体の不可分の一部として，ひとまとめとして受け取る」
（ルソー 1954：31）ことを約束するものということになる．

　このような社会契約に基づいて形成される政治共同体について，ルソーは
次のようにまとめている．「この結合行為は，ただちに，各契約者の特殊な
自己に代って，ひとつの精神的で集合的な団体をつくり出す．その団体は集
合における投票者と同数の構成員からなる．それは，この同じ行為から，そ
の統一，その共同の自我，その生命およびその意志を受け取る．このように，
すべての人々の結合によって形成されるこの公的な人格は，かつては
都市国家（シテ）という名前をもっていたが，今では共和国（République）または政
治体（Corps politique）という名前をもっている．それは，受動的には，構
成員から国家（État）とよばれ，能動的には主権者（Souverain），同種のも
のと比べる時は国（Puissance）とよばれる．構成員についていえば，集合
的には人民（Peuple）という名をもつが，個々には，主権に参加するものと
しては市民（Citoyens），国家の法律に服従するものとしては臣民（Sujets）
とよばれる」（ルソー 1954：31）．人民が結んだ社会契約の下では，都市国
家・共和国・政治体（政治共同体）・国家・主権者・国・人民・市民・臣民
は，すべて同じ存在である．つまり，人民という集合的人格そのものが政治
共同体に擬せられている．

　ルソーにおいても，ホッブズやロックと同様に，国家が人為的共同体であ
ることが明確に主張されている．しかし，ルソーが他の 2 人の社会契約論者
と異なっているのは，彼が政治共同体全体の一体化にこだわっていることで
ある．これには，人間の隷属に対するルソーの強い抵抗感が関係している．
自身の権利を統治権力に譲渡してしまうホッブズはもちろん，政治権力には
政治に関する権能のみを信託しているに過ぎないとするロックも，統治者と
被治者の分離は不可避である．しかし，ルソーは，この統治者と被治者の分
離が最終的には人間の隷属につながると考える．そのため，ルソーは代表制
民主主義や議会政治に対して批判的であった．ルソーは，議会政治の先進国
イギリスを，次のように酷評している．「イギリスの人民は自由だと思って

いるが、それは大間違いだ。彼らが自由なのは、議員を選挙する間だけのことで、議員が選ばれるやいなや、イギリス人民はドレイとなり、無に帰してしまう」（ルソー 1954：133）。この頃、いち早く革命を成し遂げ、自由な議会政治を実現していたイギリスは、フランスの啓蒙思想家らの間で理想化されていた。しかし、ルソーの目から見れば、議会を中心とした代議政治は、政治共同体としての一体感を損なうものでしかなかった。代議制民主主義では政治的な意志決定は議員のみが担うことになり、圧倒的大多数を占める人民は意志決定過程から排除されることになる。そのため、人民は政治的に客体化され、隷属化していくことになると、ルソーは考えた。

　社会契約によって構築され、一般意志によって導かれる政治共同体において、そこで適切に作られた法に従うことは、隷属ではない。なぜなら、そのような政治共同体では統治者と被治者は完全に一致しており、そこで作られた法は公共的な精神から導き出された意志に基づいている法だからである。むしろ、それに従うことによって、人間は真の意味で自由になる。ルソーの頭のなかにある政治共同体は、きわめて道徳的な共同体でもある。彼は、幼少期より、古代ギリシアやローマの古典に親しみ、古代の価値観に共感を抱いていた。古代ギリシアのポリスやローマのキヴィタスといった政治共同体は、政治のための共同体であることにとどまらず、市民の健全な精神を涵養するのに不可欠なものとされていた。ルソーの考える政治共同体は、このような古代ギリシアやローマの政治共同体のイメージに触発されて構想されたものであった。ホッブズやロックは、自己保存やプロパティの保護という目的を実現するための道具のように、国家や政治共同体を理解した。これに対して、ルソーが政治共同体に期待したのは規範的な存在であることであり、その点でルソーにとっての政治共同体はホッブズやロックと比較して人間にとってより肝要な存在となっている。

　このように市民の道徳性を重んじたルソーだが、その反面彼は現実の民衆に対して悲観的な見方を持っていた。ルソーの考えでは、現実の民衆はすでに文明に毒されている。また、そもそも、政治共同体を最初から構築するだ

けの能力など持ちあわせていない．そのため，一般の民衆が健全な政治共同体を建設することはできない．そこでルソーが期待したのが，「立法者」（Législateur）であった．

　立法者は，政治や社会に関する深い知識を持ち，自らを顧みず，公共の利益のために尽くし，政治共同体を構築する人間のことである．この立法者のイメージは，古代ギリシアのリュクルゴスに由来している．ここでも，ルソーのアイデアの源は，古代ギリシア・ローマにあった．また，ルソーは，ジュネーヴ共和国で神権政治を指導したカルヴァンも，立法者のひとりとして評価している．しかし，立法者という存在を国家の設立に介在させることは，統治者と被治者の一体化を主張していたルソーの考えと矛盾するものである．ルソーは立法者が登場するのは国家の設立時のみと限定しているが，それでもこの矛盾に対する疑問はぬぐえない．この点に関して，ルソーは明確な説明を行ってはいない．

（2）　市民宗教

　政治共同体を健全に維持していくためには，人々の精神性の健全さが必要である．それ以上に重要なことは，個人の精神と政治共同体の精神の間に不一致が生じないことである．政治共同体と各個人は，精神性においても同じ方向を向いていなければならない．そのために，ルソーは，「市民の宗教」（religion civile）の必要性を説く．西洋社会において古くから存在するキリスト教は，絶対性・唯一性・普遍性を特徴としていた．そのため，キリスト教には，国家や民族といった境界を超越する特性を有している．この特性は，ルソーの政治共同体を適切に維持するのにあたってはマイナスに働く．彼の考える国家は，構成員全体が同じ方向性を志向しているために画一的であり，異なる内面性を許容していないために閉鎖的である．このような政治共同体を維持するのに，キリスト教はあまりにも普遍的な宗教であり，政治的に考えた場合に不適な宗教であった．そこでルソーの考える市民の宗教は，「強く，かしこく，親切で，先見の明あり，恵み深い神の存在，死後の生，正し

いものに与えられる幸福，悪人にくわえられる刑罰，社会契約および法の神聖さ」（ルソー 1954：192）を説く簡潔な宗教である．ルソーは，この市民の宗教が人々を教化して政治共同体にふさわしい存在へと成長させることを期待した．反対に，市民の宗教を信仰しない者は，政治共同体の精神を共有できない者ということになる．そのような人間は政治共同体にとって危険な存在となるため，主権者によって追放されることが肯定されている．

(3)　ルソーにおける自由

　ルソーは，評価の難しい政治思想家である．彼の政治思想は，必ずしも体系的ではない．ロマン主義者の先駆けでもあるルソーの思想は，情緒的で感情的でもある．ただ，彼は，人間の自由に対する思い入れは生涯をとおして一貫していた．ルソーは，人間が隷属状態に陥ることを懸念した．この懸念は，当時のフランス絶対王政への批判に直結している．

　また，ルソーは，政治共同体における平等的な一体化を重視した．彼にとって，政治共同体は，政治だけでなく，人間の精神にも関わる存在である．そこにおいて，人間は真の意味で人間らしさを獲得することができる．そこで公共的な意識を持った人々が，協働して政治共同体を維持する．これは政治共同体だけでなく，個々の人間にとっても最善の状態であると，ルソーは考えた．すべての人間が政治共同体の主体であり，そのような意識が確立されてはじめて，政治共同体も健全さを獲得できると考えた．

　このように，ルソーは，政治的自由と個人的自由の両方を実現しようとした．しかし，それを実現するために，ルソーは問題のある思想も展開している．市民の宗教を信じない者の排除などは，その典型である．ルソーの政治思想は良くも悪くも空想的である．そして，彼は自身の政治思想の非現実性を乗り越えるために無理をしなければならなかった．その無理が現れているのが，立法者の要請である．立法者という存在を唐突に求めなければ，ルソーの政治思想は成立しえなかった．彼の思想のオリジナリティは，そのような思想的な無理によって支えられている．

　ルソーの死後，フランス革命が勃発する．彼の政治思想が直接的にフランス革命をひき起こしたわけではない．だが，革命を牽引した多くの指導者がルソーの政治思想を学んでいた．指導者たちは国家に貢献した人物を祀るパンテオンにルソーの遺体を移し，彼を持ち上げた．こうして，ルソーは，フランス革命のイデオローグとして，祀り上げられることになったのである．

小括　社会契約説の政治思想史的意義

　社会契約説は，西洋政治思想史のなかでも最も重要な理論のひとつである．そこで，ホッブズ，ロック，そしてルソーという３人の社会契約論者について学んだ今，社会契約説の思想的特徴についてまとめておきたい．

　第一に，社会契約説は，自由で平等な「個人」の自発的意志に基づく社会契約によって，政治社会や政治共同体が構築されると考える政治思想である．東アジアを含む非西洋地域の政治思想と比較した際，西洋政治思想において特徴的なことは，個人という存在が特別な意味を持っている点である．これはキリスト教の教義も影響しており，とりわけ宗教改革以後に個人の存在感は強くなった．ヨーロッパでも，中世までは，人間は個人というよりもどの階級に属しているのかという属性によってアイデンティティが定まることが多かった．しかし，社会契約説が理論の前提としたのは，階級などとは無関係な，自由で平等な個人であった．大切な点は，その自由で平等な個人が，適切な思考力と行動力を備えていると考えられている点である．階級などの属性から引き離され，単独の人間になったとしても，政治社会や政治共同体を構築し，維持する力と資質を有しているという前提が存在しているからこそ，社会契約説は説得力を持ちえたのである．

　第二に，社会契約説は，「人為」「作為」の政治思想である．社会契約説は個人を前提とした政治思想であるからこそ，それは同時に人為・作為の政治思想となる．政治の営みが人為・作為と考えられるようになったことで，政治権力は個人に対して劣位に置かれることになる．政治は神や伝統によって権威づけられるのではなく，一般の市民の思考と行動によって動かされるものなのである．

　第三に，社会契約説は，「擬制」（fiction）の政治思想である．ホッブズ，

ロック，ルソーは，いずれも自然状態を議論の起点にしている．また，政治社会や政治共同体を構築するのは，社会契約である．しかし，社会契約説は，自然状態や社会契約が実際に存在するのか否かということは大して問題としていない．これらの概念は議論のために採用されている．理論構築にあたって擬制が用いられることの利点は，現実的な束縛から自由に政治体制や社会のあり方を構想することを可能にする点にある．そして，そこで構想されるのは，矛盾と対立の危険がある自由と統合の両立である．社会の構成員全員が自発的かつ主体的に社会契約を結ぶという擬制によって，自由の精神に反しない形で自由を制限することが可能となり，社会の統合の実現がかなったのである．

　第四に，社会契約説は，批判のための政治思想である．擬制が用いられることによって，既存の政治や社会を根本的に再検討することが可能になった．理想としての擬制を掲げることによって，それと対照的な現実の政治体制を的確に批判することができるようになったのである．社会契約説が批判理論としての性格を色濃く持っている以上，ホッブズやロック，ルソーが当時の権力から弾圧されたのは当然の帰結であった．

　社会契約説は，政治が自由で平等な個人の人為・作為であることを明確に宣言した．近代以降の西洋において個人の政治参加が可能となり，君主らによる恣意的政治の抑圧から個人としての市民が自由になることができたのは，社会契約説という政治思想が存在していたからだといっても過言ではない．後世，社会契約説は，その非現実性に対してたびたび批判されることになる．それにもかかわらず，社会契約説は現代にいたるまで政治理論だけでなく，現実の政治体制にも影響力を及ぼしている．社会契約説は，西洋政治思想史上，最も大きな存在感を示した政治思想であった．

第9章
市民革命後の政治思想：バーク，トクヴィル，ミル

1. フランス革命の政治思想的特徴

(1) 人権宣言

　1789 年 7 月 14 日，フランス革命が発生する．フランス革命は絶対王政に対する反発を原因に発生したと考えられることが多いが，実際には革命にいたった経緯は複雑である．アンシャン・レジーム（旧体制・旧制度）におけるフランスは，第一身分の聖職者階級，第二身分の貴族階級，第三身分の平民・市民階級で構成されていた．人口の大多数は第三身分に属していたが，上級聖職者と貴族たちが政治的な権限と土地財産を独占し，免税特権も有していた．国家財政の破綻に瀕した王権は，財務総監にテュルゴーやネッケルらを採用して，貴族や聖職者への課税を柱とする財政改革を推し進めようとしたが，特権階級の抵抗にあった．つまり，国王と貴族は一体であったわけではなく，財政改革においては国王と貴族は連携していたどころか対立していたのである．この事態を打開するために，国王ルイ 16 世は，百数十年ぶりに身分制議会である三部会を招集したが，今度はその運営方法をめぐって特権階級と市民階級が対立をする．そのため，市民階級は独自に国民議会をつくり，憲法の起草を試みたが，この動きに対して王権と貴族は武力弾圧を企てる．このような政治状況に不満を抱き，食料品の高騰にも苦しんでいたパリの一般民衆は，バスティーユ牢獄を攻撃して，革命の口火が切られた．このように，フランス革命は，王権・貴族・市民らが複雑に時に連携し，時

に対立しながら発生し，拡大していった事件であった．

　1789年8月26日，国民議会において「人権宣言」が採択された．人権宣言では，すべての人間の自由と平等が謳われ（第1条），市民（国民）の主権が主張された（第3条）．また，ここでは，法律が一般意志の表明であることが宣言された（第6条）．ここで登場した一般意志概念は，ルソーによって提示されたものと同じ意味のものである．

　先述のとおり，フランス革命の発生原因は複雑であり，ルソーの政治思想が革命を直接的に発生させたわけではない．しかし，革命の指導者たちがルソーの著作に親しみ，革命後の政治体制の正統性の根拠に彼の思想を利用しようとしたことは間違いない．ただ，ルソーの政治思想には非現実的で，過度に理念的な内容が多く存在している．そのため，これをそのまま現実の政治に適用した場合，必ず摩擦が生じることになる．そして，実際にそれは発生した．

（2）　フランス革命体制と反動

　政権を掌握した革命指導者たちは，矢継ぎ早に政治や社会の形を一変させるような急激な改革を推進していく．指導者たちはギルドを廃止して経済活動の活発化を図り，複雑であった度量衡を統一した．フランス革命によって改革されたもののなかでの特に影響が大きかったのは，領主裁判権などの封建時代以来の貴族の特権の廃止であった．ただし，封建地代の廃止は有償であるなどの問題はあったが，これらの大胆な改革によって封建時代や絶対王政時代のさまざまな制度や慣習は一掃されることになる．これらの改革は，ロベスピエールに代表されるジャコバン派が政権を握ると，極端さを増していく．革命暦の制定や徴兵制の導入，神ではなく理性を崇める宗教の創始といった政策を進めていく．この改革に伴い，ジャコバン派は，自らが推進する改革に反対する人々を数多く処刑していった．

　フランス革命やそれによって成立した革命政権が過激な政治行動に走ったのは，それが弱い政権基盤の上に乗っていたからである．とりわけ，正統性

の点において，革命政権は脆弱であった．ヨーロッパにおいては，長く神の権威に基づいて政治体制が成立していた．しかし，フランス革命はその政治的伝統を完全に否定した．そこで求められたのが，社会契約説，とりわけルソーの政治思想であった．ルソーの社会契約説は，政治秩序の基礎として伝統的なキリスト教の神の存在をまったく必要としない．そのため，革命政権の指導者たちにとって，ルソーの政治思想は政権の正統性を支える恰好のものとなった．前述の理性を崇める宗教の祭典でヴォルテール（1694-1778）などとともにルソーは称えられることになるが，革命政権にとってルソーはまさに神にも等しい存在だったのである．

　このような動きに対しては，当然強い反発も現れる．政治思想史・政治史の分野では，それを「反動」という言葉で表現している．反動を代表する思想家が，ジョゼフ・ド・メーストル（1753-1821）である．彼は熱烈なカトリック貴族の立場から，フランス革命の過激性や暴力性を批判した．啓蒙主義的な考えを理性の暴走と捉え，理性に対する信仰の優位性を主張した．

　革命独裁にしろ，反動にしろ，それらには過激さや極端さが必ず伴ってくる．フランス革命の場合，革命とその後の体制が過激で急進であったために，それに対する反動もより過激なものになる．そして結果的に，革新と反動は対立し，悲劇的な結末や惨劇を迎えることになる．そのため，政治においては，どれだけ理想的に見えたとしても，それを過激な手法で強行することには慎重であるべきだという見解が成り立つのである．

2.　バークの保守主義

(1)　混合政体としてのイギリス国制

　エドマンド・バーク（1729-97）は，イギリスの著述家・思想家・政治家である．彼はアイルランド生まれであるが，カトリックではなく，アイルランド国教会（アイルランドにおけるイングランド国教会系の教派）の信者として育てられる．もともと，バークは芸術評論で世に出た人物であり，1757

年の『崇高と美の観念の起原』は高く評価された．彼は 1760 年頃から政治の道へと進むようになり，ロッキンガム侯爵の秘書となり，ホイッグ党の下院議員となる．この時のイギリスの王朝はハノーヴァー朝であった．ドイツからやってきた王朝であったため，歴代国王は英語の使用に難があり，国政への関与には消極的であった．しかし，イギリスで生まれ育ったジョージ 3 世は，トーリ党の親国王派と連携して，積極的に国政に関与し，王権の再拡大を目論んでいた．これに対して，バークは 1770 年に『現代の不満の原因』を著す．この著作のなかで，彼は，ジョージ 3 世がイギリス伝統の国制を破壊しようとしていると批判を行った．また，バークは，イギリスによる高圧的なアメリカ植民地への態度を批判し，植民地側の主張に理解を示した．これらの行動に見られる共通点は，名誉革命をとおして形成されたホイッグ的な歴史観や政治観に一貫して立ち，議会制度を中心とした権力分散型の政治体制を評価していることである．

　バーク最大の主著である『フランス革命の省察』が出版されたのは，フランス革命の翌年である 1790 年のことである．この著作の表面的な意図は，イギリスにおいてフランス革命を賛美する，キリスト教の一派ユニテリアンの牧師リチャード・プライスに対する批判である．だが，この本はフランス革命という政治現象に関するていねいかつ入念な考察となっており，それをとおしてこの革命に対する厳しい批判がなされている．

　バークの人間観の基礎となっているのは，キリスト教である．彼は，「宗教こそ文明社会の基礎であり，すべての善，すべての慰めの源泉である」（バーク 1997: 114）と述べている．また，人間が「宗教的動物」（バーク 1997: 115）であるとも記している．フランス革命を主導した人々が依拠していた啓蒙思想が人間の能力に関して楽観的であったのと比較すると，キリスト教において特徴的なことは人間の有限性を主張している点である．全知全能の神に対して，人間は原罪を負った，能力的にも倫理的にも限界のある不完全な存在に過ぎない．そのような人間が，政治制度や社会を最初から構築することなどできない．人間は，宗教的権威やその秩序のなかでこそ，健

全な思考や行動が可能になる．このように考えるバークにとって，キリスト教を否定しただけでなく，さらに人間の理性を無批判に崇める宗教を新たに創始したフランス革命の指導者の行動は，批判の対象以外の何ものでもなかった．

　しかし，一方で，キリスト教は，人間の理性を認めている．つまり，人間は，完全な存在ではないが，何もできないほど愚かな存在でもないのである．理性は重要だが，それは完全なものではなく，その能力を適切に支援するものが必要となる．それが，「偏見」（prejudice）である．「わが国の思索家の多くは，共通の偏見を退けるどころか，そうした偏見のなかに漲る潜在的智恵を発見するために，自らの賢察を発揮するのです．彼らは自ら探し求めていたものを発見した場合——実際失敗は減多にないのですが——偏見の上衣を投げ捨てて裸の理性の他は何も残らなくするよりは，理性折り込み済みの偏見を継続させる方が遙かに賢明であると考えます．……偏見とは人の美徳をしてその習慣たらしめるもの，脈絡の無い行為の連続には終わらせないものなのです」（バーク 1997：111）．現在，一般に偏見は害悪として理解されているが，バークにおいて偏見は理性の能力を支援して，それが極端に作用することを緩和し，知的な均衡を実現するためのものとして評価されている．人間は，歴史や経験の積み重ねのなかでさまざまな偏見を持つようになる．バークは，この偏見を，人間が経験的に蓄積してきた知恵であると理解する．理性は単独で使用されるのではなく，偏見という安全弁を備えた上で行使されるべきものであり，そのようにして初めて適切にそれを利用することができる．バークから見れば，フランス革命は偏見を介在させないまま，理性の暴走に任せた暴挙であった．

　なお，バークは，国教会制度を，イギリスにおいて重視されるべき偏見の第一のものとして考えている．それは，理性万能思想とは異なり，人間の不完全性を認識させることによって，かえって人間の尊厳を守るために機能する．これによって，作為・人為に依拠する社会契約説に頼ることなく，世俗の権力や秩序の維持が可能になると，バークは考えた．

(2)　バークが「保守」しようとしたもの

　では，バークはどのような政治体制を理想としたのであろうか．彼は，頭で考え出した新しい政治体制ではなく，名誉革命によって確立された現実のイギリスの国制を理想と考えた．

　イギリスの国制が理想と考えられるのは，第一に，それが王権と議会との長年にわたる対立と抗争を経て認められてきた自由を権利として保障する政治体制だからである．バークは，「時効」（prescription）という概念を重視する．彼のいう時効とは，「法や慣行や法廷の判決や千年にもわたって蓄積されてきた」（バーク 1997：135）ものは法的効力を持つという考え方であり，要するに長く続いてきたものを権利として認めるという考えのことである．バークは，時間という観念を重視する．国家や社会は，特定の時代の人々のみの一時的合意で形成されるのではない．国家は「現に生存している者の間の組合たるにとどまらず，現存する者，すでに逝った者，はたまた将来生を享くべき者の間の組合」（バーク 1997：123）である．つまり，バークは，制度や権利を，世代を超えた歴史の産物として認識しているのである．彼によれば，イギリスの国制は，まさにそのような歴史と経験の積み重ねを経て，形成されたものであった．

　バークがイギリス国制を支持する第二の理由は，それが自由を維持する最善の方法だからである．世襲王政を柱とするイギリス国制は，「我々の自由を世襲の権利として規則正しく永続させ，また聖なるものとして保持すべき筋道乃至方法」（バーク 1997：33）である．バークの考えでは，1215 年の「大憲章」（マグナ=カルタ）以来，イギリス国制は自由な政治体制を着実かつ堅実に発展させてきた．その成果が現行のイギリス国制である，つまり，すでにイギリスには自由が存在しているのである．そのため，これを理性のみによって無軌道に改変する必要はまったくない．むしろ，現行のイギリス国制を適切に保っていくことこそ，自由にとっての最善の道なのである．

　なお，バークがイギリスの「国制」（Constitution）という時，それは単に政治体制（constitution）を指すだけでなく，過去・現在・未来のイギリスの

人々やそれらが積み重ねてきた政治的営為すべてを指していることは注意する必要がある．

　このような態度から，バークは保守主義の祖と評価されている．しかし，それでは，メーストルのような反動と，バークの保守主義は何が異なっているのであろうか．それは，反動が現行体制や既存秩序の一切の変更を拒絶しているのに対して，バークの保守主義は改革を織り込んだ思想だという点にある．バークはいう．「私は変更をもまた排する者ではありません．しかしたとえ変更を加えるとしても，それは保守するためでなければなりません．大きな苦痛があれば，私は何か対策を講じなければなりませんが，いざ実行の段には，われわれの祖先の実例に倣わねばなりません」（バーク 1997：313）．バークの基本的な人間観に立てば，有限な人間が完璧な制度を最初から樹立することはできない．しかし，人間は必要に応じて，修正を加えて，制度を洗練させてきた．つまり，バークがなぜ既存の制度や秩序を重んじるのかといえば，それらが長い時間をかけて適切に改革や修正を受けてきたからである．さらにいえば，地に足の着いた健全な改革を経たものであるからこそ，その国制は保守するに値するのである．このような点から，反動思想とバークの保守主義は明確に区別されるのである．

　バークはこのような保守主義を主張することによって，2つの政治勢力と対峙している．第一の相手は，過激なフランス革命によって成立した革命体制とそれを支持する内外の勢力である．第二の相手は，イギリス国内において，王権の再拡張を企てる人々である．バークがこれらの勢力に対して保守しようとしたものは，名誉革命によって樹立された議会中心の既存のイギリスの国制である．これこそ，イギリスが長い時間をかけて洗練を重ねてきた成果なのである．バークが保守しようとしたものはまさにそれであり，だからこそ保守主義の祖という評価に値するのである．

　では，保守主義とは，どのような特徴を持つ政治思想なのだろうか．第一に，それは人間の能力に対する楽観的な見方をいましめるものである．このような性格により，保守主義は不自然な変化や改革を回避することに貢献す

るが，反面で新たな政治的理想を掲げて政治や社会を変革することを難しくする．第二に，保守主義は，既存の政治や社会を肯定する．それによって，政治的安定の実現が可能となって混乱は回避されるが，既存の問題への対処は遅れることがある．第三に，保守主義には伝統的価値観に対する信頼がある．これは社会秩序の維持に役立つが，多くの人に特定の価値観を強要し，抑圧的に機能する恐れがある．このように，保守主義は，政治や社会に安定をもたらすと同時に，危険性もはらんだ政治思想である．バークの政治思想も同様である．

　バークは，たしかに自由な議会政治を中核とするイギリス国制を擁護した．しかしながら，彼は，現代的な意味での自由主義者やデモクラシー支持者ではない．バークの自由観は貴族の特権としての自由から派生したものであり，広く民衆の政治参加を認めるデモクラシーに関しては完全に否定的である．そのため，バークの考える自由は，身分制に依拠した限定的なものであった．つまり，彼の政治的自由は，きわめて限定的なものであった．そのため，バークの保守主義を，そのまま現代に導入することは無理があるのである．

3.　トクヴィルのデモクラシー論

(1)　19世紀前半のフランスの政治状況

　19世紀前半のフランスの政情は，きわめて不安定であった．革命独裁体制の混乱を収拾したのが，ナポレオン・ボナパルトであった．彼は中央銀行の創設や民法典の整備（ナポレオン法典）などを積極的に推し進め，近代国家としてのフランスの体制整備に力を発揮した．そのようなこともあり，彼は1804年の国民投票で圧倒的支持を受けて，ナポレオン1世として皇帝に即位する．しかし，皇帝即位後のナポレオンはしだいに領土的な野心を露わにするようになり，他のヨーロッパ各国と衝突し，最終的に敗北を喫する．ナポレオンが敗退すると，1814年にブルボン朝が復活し，ルイ16世の弟であるルイ18世とシャルル10世が相次いで即位して反動的な君主政を行った．

しかし，すでに自由で民主的な政治を経験した国民はこれに不満を抱き，1830 年 7 月に革命が起こる（七月革命）．その結果，ブルボン家の分家であるオルレアン家の出身であり，富裕な市民層からの強い支持を集めていたルイ=フィリップが国王に即位する．

　ルイ=フィリップの七月王政において，フランスは急速な経済成長を実現する．産業化が進んだ結果，都市に人口が集中するようになり，労働者階級という新たな階級が誕生した．労働者は，日々の暮らしもままならない状況であったが，裕福な資本家階級の支持の上に成立していた七月王政は労働者の苦境に配慮することもなく，政治に関与する権利が労働者に与えられることもなかった．このような七月王政の制限選挙制度はしだいに反発を集めるようになり，政府がその動きを強引に抑えようとした結果，1848 年 2 月にパリで革命が起こる（二月革命）．ルイ=フィリップは国外に亡命し，共和政政府が樹立された（第二共和政）．

　第二共和政において，男子普通選挙制が実現され，1848 年 4 月に初めてそれが実施される．だが，資本家階級や地方の農民は過激な改革を忌避したため，社会主義者らは退けられ，比較的穏健な改革を考える政権が成立した．この選挙結果に反発した，パリの一部の労働者は武力蜂起を起こしたが，難なく鎮圧された．このように政治が不安定化しているなかで行われた 1848 年 12 月の大統領選挙において，ナポレオン・ボナパルトの甥であるルイ=ナポレオンが選出される．彼は 1851 年にクーデタを起こして独裁的な権限を掌握し，さらに翌年国民投票の承認を得て，皇帝に即位（ナポレオン 3 世）する（第二帝政）．

　1789 年の大革命以降，フランスは半世紀の間で，第一帝政・復古王政・七月王政・第二共和政・第二帝政という政治体制の変化を経験した．そして，それらのいずれもが敗戦や革命という極端な方法によってもたらされた．結局のところ，フランス革命後のフランスは政治的な安定を獲得することができなかった．それだけでなく，急速な産業化によって，フランスは新たな社会的課題を抱え込むことになり，それが不安定化に拍車をかけた．この時代

の政治家や政治思想家に求められたのは，市民革命の結果として獲得された自由と平等という理念を実際の実のあるものにし，デモクラシーという政治体制を整えることであった．

(2)　境遇の平等

アレクシ・ド・トクヴィル（1805-59）は，フランス激動の時代を生きた政治家・政治思想家であった．彼の父方の家系は，古くから続く帯剣貴族であった．母方の家系は，名門の法服貴族であった．つまり，トクヴィルは，フランス貴族の伝統のなかで生まれ育った．また，親戚には，絶対王政下において検閲する側である出版統制局長でありながら，啓蒙思想家たちによる『百科全書』やルソーの著作の刊行を密かに保護し，さらに革命後の裁判でルイ16世の弁護人も務めたマルゼルブ（1721-94），フランス・ロマン主義の先駆けであり，政治家としても活躍した作家シャトーブリアン（1768-1848）がいる．トクヴィルはパリ大学を卒業後に裁判官の職に就くが，1831年にアメリカ視察旅行に赴く．表向きの視察目的はこの頃注目されていた刑務所制度の改善であったが，トクヴィルの真の目的は発展の著しいアメリカの政治や社会に関する見聞を広めることにあった．1年弱のアメリカ滞在から帰国した後の1835年，アメリカの政治・社会状況とデモクラシーの本質について考察した『アメリカのデモクラシー』の第1巻を発表する．1840年には，その第2巻を公にする．これら一連の著作は高い評価を受け，アカデミー会員に選ばれただけでなく，1839年には下院議員に選出される．第二共和政では，新たな憲法を起草する会議のメンバーに選ばれただけでなく，短期間ながら外務大臣も務めている．1851年に大統領ルイ＝ナポレオンがクーデタを起こすと，トクヴィルは一時的に拘束される．これを機に彼は政界を引退し，その後はもっぱら学究生活を送る．そのなかでまとめられたのが，『旧体制と大革命』（1856）である．そして，1859年，カンヌにて死去する．

　トクヴィルの『アメリカのデモクラシー』の考察対象は，文字どおり，アメリカにおいて顕著に進展しているデモクラシーという現象であった．彼に

よれば，デモクラシーとは，「境遇の平等」（égalité des conditions）（トクヴィル 2005：第1巻上，9）すなわち政治・経済・社会の平等およびそれへの流れすなわち平等化を意味する．境遇の平等はアメリカで先行しているが，それは全人類において見られる現象である．人間は，自身が意識しているか否かを問わず，平等化に向けて行動している．平等化は，避けられない人間の歴史の帰結なのである．なぜ人は平等のために働いてしまうのかというと，人間は何よりも平等を愛し，それを追求しているからである．そのため，一見デモクラシーに反対している人の行動も，平等化に資する行動になっている．つまり，トクヴィルの考えにおいて，人間は本質的に平等を希求する存在なのである．

(3)　多数の暴政と民主的専制

　さて，デモクラシーの本質は，多数者支配である．なぜなら，「民主政体にあっては，多数者の外に抵抗するものは何もないからである」（トクヴィル 2005：第1巻下，139）．平等化によって人間は，階級のような自らを束縛する属性から解放されたが，これは同時に人間が均質的な単独の存在になったことを意味する．かつては階級などによって人間の扱いには差があったが，デモクラシーにおいて人間は平等となって，特定の誰かの意見が優れているという考えは受け入れられなくなり，より多くの支持を得た意見や見解が力を持つようになる．この平等化自体は歓迎すべきことであるが，同時に警戒すべきは多数であることが全能的な権威を獲得することにつながり，社会において多数者が抑圧的な存在となることである．トクヴィルは，これを「多数の暴政」（tyrannie de la majorité）と呼んだ（トクヴィル 2005：第1巻下，147-65）．

　多数の暴政の問題は，デモクラシー下で生きる人々に及ぼす精神的影響にある．多数の暴政は，多数者が暴力的に少数者を弾圧するという意味ではない．多数の全能性という考えが浸透している社会では，いったん多数の考えが決すると，人々はそれに無批判に従うようになる．要するに，人々は多数

者の意見や考えに流されるようになる．トクヴィルは，この点を，かつての絶対王政の君主たちが行っていたような物理的な抑圧よりも警戒している．なぜなら，いくら君主が物理的に抑圧したとしても人間の精神まで支配することはできないが，デモクラシーでは多数者は直接的に人々の精神に影響して，それを抑圧するからである．そのため，トクヴィルはデモクラシーの先進国アメリカをこのように評している．「総じてアメリカほど，精神の独立と真の討論の自由がない国を私は知らない」（トクヴィル 2005：第 1 巻下，153）．

　また，トクヴィルは，デモクラシーにおける人間の精神性として，「個人主義」（individualisme）も挙げている（トクヴィル 2008：第 2 巻上，175-80）．これは貪欲に自身の利益を追求する利己主義とは異なり，他者や社会への積極的関与を回避する心情であり，個人主義に染まると人間は自分自身の周囲にある狭い世界にしか関心を抱かなくなる．デモクラシーでは市民の積極的な政治・社会関与が不可欠であるため，個人主義が蔓延するようなことになればデモクラシーは機能不全を起こすことになる．

　さらに，警戒すべきなのは，このような人々の精神性の変化によって，デモクラシーでは新たな形の「専制」（despotisme）が成立することである．「人々の上には，ひとつの巨大な後見的権力が聳え立ち，それだけが彼らの享楽を保障し，生活の面倒をみる任に当たる．その権力は絶対的で事細かく，几帳面で用意周到，そして穏やかである．……主権者はこのように個人をひとりひとりその強力な掌中につかみ取り，思うがままにこれをこねまわしてから，社会全体に手を伸ばす．彼は複雑詳細で画一的な法規の網で社会の表面を覆い，この網を突き破って衆に抜きん出ることは，最も独創的な精神，この上なく強靱な魂の持ち主にもできそうにない．主権者は人間の意志を挫きはしないが，これを軟弱，従順にし，これを指導する．行動を強いることは稀だが，絶えず人の行動を妨げる．破壊はせず，誕生を妨げる．暴虐ではないが邪魔であり，人を圧迫していらだたせ，意気阻喪させ，茫然自失の状態に追い込む．そしてついには，どんな国民も小心で勤勉な動物の群れに過

ぎなくされ，政府がその牧人となる」（トクヴィル2008：第2巻下，256-8）．デモクラシーによってもたらされる多数の暴政と個人主義の結果，人々は自発性と公的な精神を喪失し，最終的に物質的享楽のみを求めるようになる．自らの意志を失った人々は，国家が政治や社会のさまざまな場面において事細かに指導してくれるように，また国家が物質的安定を実現してくれるように望む．こうして，国家は人々にとって欠くことのできない後見的な存在となっていく．そこに発生するのは，人々の精神的な隷属状態である．

　トクヴィルにとって，最も重視されるべき価値は自由である．彼において，自由は自立や自律と密接に結びついている．人間が真の意味で自由であるためには，人間は公共性を意識して，自らを律して自立していなければならない．他方，不可避的に進展するデモクラシーは，それが進んでいくほどに人間の隷属を強化させる．トクヴィルの課題は，最も尊重されるべき自由と不可避的な流れである平等の両立をいかに図るのかという点にあった．そして，彼の考えでは，その解決の鍵はアメリカにあった．

（4）　デモクラシーを健全に維持するもの

　アメリカがデモクラシーの先進国であるならば，そこでは最も人間の隷属が進んでいるはずである．たしかにそのような一面も存在するが，トクヴィルが見たところアメリカは自由と平等の適切な両立を実現している．それには，アメリカ特有の要因が存在した．

　トクヴィルは，『アメリカのデモクラシー』のなかで，アメリカの取り組みを詳細に紹介している．そのなかでも，トクヴィルがとりわけ注目したものとしては次のものが挙げられる．

　第一は，地方自治である．トクヴィルによれば，「自由な人民の力が住まうのは地域共同体のなかなのである．地域自治の制度が自由にとって持つ意味は，学問に対する小学校のそれに当たる．この制度によって自由は人民の手の届く所におかれる．それによって人民は自由な平穏な行使の味を知り，自由の利用に慣れる．地域自治の制度なしでも国民は自由な政府を持つこと

はできる．しかし自由の精神は持てない」（トクヴィル 2005：第 1 巻上，97）．地方自治の場は，地方の政治的な意志決定の場であるだけでなく，人々が自由というものを体得するための教育の場でもある．人々は身近な地域の政治に参加することで，政治の知識と経験を習得だけでなく，自由というものの本質について学び，自由の精神を会得する．この点において，トクヴィルの地方自治論は，アリストテレスの政治共同体に対する見解と類似している．

　第二のものは，これもアメリカで広く行われている結社（association）の活動である．トクヴィルにおける結社とは，政治活動や経済活動，信仰，そして趣味などのさまざまな目的のために形成される集団のことである．これらの結社活動が自由にとって有用なのは，デモクラシーがもたらす個人主義を抑制し，人々が有機的な人間関係を構築する助けになるからである．人々は，結社での活動をとおして，協働する精神を学ぶ．さらに，政治的な結社の場合は，デモクラシーに起因する多数の暴政を直接的に防止する．社会のなかに多様な政治的結社が存在すれば，それらは多数の暴政が横行している政治状況において多数者に対する抵抗の拠点となる．だからこそ，「社会状態が民主的な国ほど結社が必要な国はない」（トクヴィル 2005：第 1 巻下，44）のである．政治的結社をはじめとするさまざまな結社の存在は，政治や社会の多様性と多元性を担保しているのである．

　第三は，宗教である．デモクラシーすなわち平等化が進むと，人間は個人主義に陥って孤立し，社会は原子化する．他方，宗教は超越的な視点を人間にもたらし，結果的に公共的な意識を涵養する．そのため，宗教には，デモクラシーに不足する精神性を補う効果がある．ここで，トクヴィルは，宗教の真実性を問題としているのではなく，デモクラシー社会に宗教が与えるプラスの効果を評価しているのである．

　アメリカは，これらをはじめとする諸条件により，デモクラシーの悪性化を防ぐのと同時に，デモクラシーの活性化を実現している．つまり，デモクラシーにおいて，自由と平等の両立に成功しているのである．

　トクヴィルは，現代に続くリベラル・デモクラシー（自由民主主義）の理論化に成功した最初の政治思想家のひとりである．古典古代以来，デモクラシー（民主政）は悪しき政治体制として扱われてきた．それは，政治共同体の大多数を占める貧困者による支配であり，公共性に欠けた統治とされてきた．しかし，トクヴィルは，デモクラシーの意味を政治に限定することなく，社会全体を対象とする概念として理解した．彼は，人間にとって最も重視すべき価値である自由とデモクラシーと同義である平等（化）の両立の可能性を模索した．そして，自治と協働を柱とする適切な条件を整備することによって，その両立が可能であることを明らかにした．トクヴィルは，長く続いてきたデモクラシーに対するマイナス評価を一変させたのである．

　トクヴィルのデモクラシー論は，デモクラシーに対する批判的な評価も含んでいる．彼は，多数の暴政やデモクラシーにおける新たな専制の登場に対して警鐘を鳴らしている．それでもトクヴィルはデモクラシーを否定することなく，それどころか地方自治などでデモクラシーを一層徹底することによって，その悪性化を克服することを試み，そしてデモクラシーの可能性に期待をかけた．そのため，トクヴィルがデモクラシーを危険視したという見方や否定したという見方は問題があるといわざるをえない．また，彼を保守主義の系譜に属する政治思想家として位置づけることも慎重でなければならない．

　トクヴィルの政治思想は，現代にも通用する意味での政治的自由と個人的自由が高度に統合されたものであった．彼は，人間の本質的自由としての個人的自由と政治参加といった政治的自由が，相互に対立するものではなく，両立されることによって，それぞれの自由は高度に実現されることを主張した．トクヴィルは，平等の徹底こそが自由を最高度に実現することを明らかにしたのであった．

4. 功利主義の政治思想

(1) 功利主義

18世紀の後半から19世紀の前半にかけて理論化が進んだ哲学理論が，功利主義である．その先駆者であるジェレミー・ベンサム（1748-1832）は，社会の秩序の根本に「快楽」を据え，社会全体の「効用」の最大化をめざした．また，その効用は計量可能であると考えた．

功利主義の前提となるのは，人間の平等である．階級などによって人間が不平等に扱われていた時代，人間の価値には差がつけられていた．そのような状況では，社会全体の効用を計量的に把握することは困難であった．すべての人間が平等に扱われるようになってはじめて，社会全体の効用の最大化すなわち「最大多数の最大幸福」を目標にすることが可能になった．

功利主義は，既存の政治や社会に対する批判理論であった．現実に生きている人の満足のみを価値規準と考える功利主義は，伝統的な価値観を基礎に組み立てられた，従来から続く政治体制に対して否定的であった．たとえば，この当時，君主政・貴族政・民主政が絶妙に組み合わされた混合政体として評価されていたイギリス国制に対しても，功利主義者たちは批判を加えた．また，功利主義者たちは，つくり話であるとして，社会契約説も否定した．

功利主義は，効用の最大化のみを規準としているため，他の何ものも配慮する必要がなかった．これは，新たな制度を構築しようとする際に有効に働く．しかし，同時に，功利主義は不自然で極端な思想だということもできる．この問題を解決したのが，ジョン・ステュアート・ミル（1806-73）である．

ミルは，功利主義者であり，ベンサムの盟友でもあったジェームズ・ミルの子として，1806年に生まれた．ジェームズは，わが子に対して功利主義に基づく英才教育を与えた．息子ミルも，父の期待に応えるように知識を急速に習得し，幼少にしてギリシア語やラテン語，幾何学などを修めた．そして，父ジェームズも務めていたイギリス東インド会社に，ミルも就職した．

　少年期以降，ミルは自他ともに認める功利主義者であった．しかし，1826 年，彼は精神の危機を経験する．彼はそれまで単純な功利主義に基づいて，意志決定を行ってきた．しかし，そのような価値観が本当に適切なものであるのか，ミルは疑問を抱くようになった．ミルは，詩人ウィリアム・ワーズワース（1770-1850）らのロマン主義に触れたことなどをとおして，精神の危機から脱していく．この経験は，ミル独自の功利主義の構想に大きな影響を与えた．1865 年からは，無党派の下院議員を務めている．ミルは，当時としては過激な政治・社会改革を主張した政治家であり，選挙制度の改革や女性の権利拡大を訴えた．彼は，自身の思想や著作の内容を忠実に現実化するために努めた人物であった．

　ミルの思想には，彼自身も認めているように，パートナーであったハリエット・テイラー（1807-58）の影響が色濃く現れている．ハリエットとの交際にあたってはさまざまな困難があり，友人をはじめとする周囲とも軋轢が生じた．しかし，ミルは自身の意志を貫き，彼女と添い遂げる．ミルは，ハリエットよりも長く生き，1873 年に死去して，フランス・アヴィニヨンで彼女とともに埋葬されている．

　さて，ミルの考えた功利主義は，快苦計算に基づくベンサム的な功利主義（量的功利主義）とは異なる，快楽の質を問題とする功利主義（質的功利主義）であった．彼は功利主義を否定したわけではない．功利主義は，伝統や慣習に束縛された社会を適切に改革する際の有効な理論である．しかし，快楽の内実には差や幅があり，健全な功利主義は人間の道徳性や良心などに配慮する必要がある．そのため，ミルは，人間性の陶冶を重視し，その視点から新たな功利主義の構築を試みた．

　ミルが適切な功利主義だと考えるのは，「尊厳の感覚」（ミル 2021：30）を備えた功利主義である．ミルは，もしある人が一定の知的能力や精神的な健全さを備えているのであれば，その人が低劣な満足を求めるはずはないと考える．ここでミルが述べている知性は，「陶冶された知性」であり，「哲学者の知性ではなく，知識を与えてくれるものに対して開かれた姿勢のある知性

であり，知的能力を働かせるための教育をほどほどに受けている人の知性である」（ミル 2021：40）．つまり，一定の知性を備えた一般の人間であれば，自ずと選択すると考えられる満足を，ミルは重視しているのである．一般的な知性の持ち主であれば，適切な価値判断を行うことができる．そのような人物であれば，低劣な欲求の充足に満足するのではなく，人間性を向上させる質の高い快楽を追求するはずである．そして，そのような人間が社会に増えていけば，質の高い個人的な効用の追求と社会全体の効用の最大化を両立することも可能である．ミルは，ベンサム的な単純かつ不自然な初期の功利主義を，人間の知性に対する信頼を加味することによって，より洗練された思想へと変化させた．

(2) 『自由論』と危害原理

　ミルが取り扱った学問領域は多岐にわたる．彼の関心は政治学にも及んでおり，重要な著作を残している．1859 年の『自由論』は，その代表的なものである．

　ミルの『自由論』の主題は，「市民生活における自由」であり，「社会のなかでの自由」である（ミル 2020：11）．この著作には，トクヴィルの強い影響がうかがえる．「もし，社会が正しい命令ではなく間違った命令を出したり，干渉すべきではない問題で命令を出したりするのであれば，種々多様な政治的抑圧よりも一層恐ろしい社会的専制が行われることになる．なぜなら，社会的専制は普通，政治的抑圧のように極端な刑罰で支えられていないとはいえ，逃れる手段はより少なく，生活の隅々にはるかに深く入り込んで魂それ自体を奴隷化するからである．だから統治者による専制への防護だけでは十分でない．支配的な意見や感情の専制に対する防護も必要である」（ミル 2020：19）．ミルとトクヴィルとの間には，知的な交流があった．ミルはトクヴィルの著作を読んで，多数の暴政という概念に刺激を受けている．デモクラシーが進展した社会においては，古くからの権力観における君主のような支配者だけではなく，多数者によって支配された社会が専制の主になる．

そこで専制の被害を受けるのは，少数者であり，個人である．この少数者と個人の自由をいかに守るのかということが，『自由論』の最大の主題となっている．

　ミルが個人の自由を守るためにまず必要なものとして考えたのが，思想と討論の自由である．これを守ることの意義について，彼は具体的かつ明瞭に説明を行っている．ミルは，言論の自由が侵害された際の弊害を考える．もし明らかにされようとする意見が正しいものであれば，人々は誤謬を改めて真理を知る機会を失う．また，仮に意見が誤りであったとしても，人々が被る不利益は大きい．なぜなら，正しいことと誤りとの意見の衝突によって，正しいことすなわち真理はより明確に認識されるようになるからである．

　自由を守るにあたって重視すべきなのは，「個性」(individuality) である．ミルは，次のように考える．「人間が高貴で美しいものとして観照の対象になるのは，個性的なものがすべてすりつぶされ画一的にされているからではない．他の人々の権利と利益のために課された制約の範囲内で，個性的なものが陶冶され引き出されているからである」(ミル 2020：141)．個々の人間が人間性を真に獲得することができるのは，それぞれの個性が十分に発揮されている時である．社会で生きていく以上，一定の制約は避けられないが，それでも個性は最大限尊重されなければならない．なぜなら，人間が個性を十分に発揮することは，その人間の持つ尊厳を最高度に高めるからである．この意見は，デモクラシー社会に対する批判を含んでいる．トクヴィルと同様に，ミルも現代社会が多数者が支配する均質的な社会であり，そこにおいて少数者は常に脅威にさらされている，もしくはすでに抑圧されていると考えていた．ミル自身はデモクラシーを支持していたが，同時にその社会の問題点も理解していた．多数の暴政という抑圧的な状況を打開するためには，個性と個人の自由は絶対的に尊重されなければならなかったのである．そのために，ミルは，一般に「危害原理」(harm principle) と呼ばれている理念を提示する．

　ミルは，危害原理を，次のように定義する．「その原理とは，誰の行為の

自由に対してであれ，個人あるいは集団として干渉する場合，その唯一正当な目的は自己防衛だということである．文明社会のどの成員に対してであれ，本人の意向に反して権力を行使しても正当でありうるのは，他の人々への危害を防止するという目的の場合だけである」（ミル 2020：27）．危害原理は，個人という存在や個性というものを最大限に尊重した結果として導き出される秩序の原理である．人間の行為は，他者に危害を及ぼすものではない限り，妨げられてはならない．また，第三者から見てどれだけ愚かしい行為であったとしても，当人がそれを望んで行動しているのであれば，その行為は容認されなければならない．なぜなら，その人間の主人は，まさにその人間以外の何ものでもないからである．

　ミルの考える自由の概念は，西洋政治思想における自由論のある種の最高点である．彼の自由に対する見解は，外部的な権威に依拠することなく，その人間の思考と行動のみを重視し，他者に危害を加えない限り，最大限の自由を容認するものとなっている．ミルは，何ものにも妨げられない自由を，『自由論』で理論化した．

(3)　ミルの政治思想

　1861 年，ミルは，『代議制統治論』を世に出す．彼は，この著作のなかで自らのめざす政治体制や政治制度を明らかにしている．ミルがこの著作を著した背景には，社会の流れに対して既存の政治体制が追いついていないこと，つまり社会の現実と政治の間に乖離が存在していることへの危惧があった．

　ミルの考える理想の政治体制は，「主権あるいは最終的な最高統制権力が社会全体に付与され，また，市民がその究極の主権の行使に発言できるばかりでなく，地方や国の公的な役割を直接に果たすことで統治体制に実際に参加するよう少なくとも時折は求められる」（ミル 2019：50）政治体制である．ミルはこれを「代議制」（representative government）と呼んでいるが，これはデモクラシーとほぼ同じ意味だと考えてよいだろう．彼が代議制に見いだしている利点は，それが市民の参加の上に成立していることにある．ミルは，

明確に代議制を最善の政治体制と評価する．

　ミルが政治体制を評価する基準としているのは，市民の精神にとって有効であるかという視点である．「良い統治の第一の要素は，社会を構成する人々の徳と知性であるから，統治形態が持ちうる長所のなかで最も重要なのは，国民自身の徳と知性を促進するという点である」（ミル 2019：28）．ミルの功利主義が，量的なものでなく，効用の質を問うものであったことは，既に述べたとおりである．彼は，政治学においても，その考えを応用している．政治体制に求められることは，市民の精神の陶冶なのである．それは，政治の過程に何らかの形で関与することによって実現される．また，同時に，市民の精神的な成熟があるからこそ，代議制は健全に維持されるのである．理想の政治体制が代議制であることに間違いはない．そして，イギリスには，そのための制度的環境が整っている．しかし，それが適切に運用されているかは別問題である．所与のものとなりつつある代議制を適切に運用していくために不可欠なものが，市民の健全な精神性なのである．かつて，アリストテレスは，人間はポリスのなかにおいてはじめて，真の人間・市民になることができると説いた．ミルは政治というものにそこまでのことは期待していないが，代議制を適切に維持していくためには市民の精神の陶冶が必要であり，市民にとってもそれが有用であるという確信は持っていた．

　ミルには，人間の可能性への期待と民衆への不信が混在している．この矛盾した人間観を克服するものが市民の教育である．人間は適切な教育を施されることによって，政治を担うための資質を身につけることができる．ミルの政治思想は精神論的に市民の資質を問題とするのではなく，具体的に人々を市民と呼ぶにふさわしい存在へと育て上げる教育を制度的に整えることの必要性を主張した．

　ミルの自由に対する見解は，現代にも十分通用するものである．彼は，西洋政治思想史において，個人的自由を明確かつ強力に主張し，その理論化に成功した最初の政治思想家のひとりである．ミルが『自由論』において主張したのは，個人的自由の徹底した擁護である．人間は他人に害を与えない限

り，何ものにも妨げられないというミルの自由論は，さまざまな宗教的信条や伝統的慣習に束縛されていた人間を完全に解放した．『代議制統治論』でミルが主張したことは，精神的な陶冶がなされた市民の参加による政治である．だが，精神の陶冶といっても，ミルは特定の思想・信条に基づいて市民を教化しようとしているわけではない．彼は，あくまでも個人としての人間の可能性を信じ，その成長に期待した．そして，ミルは，そのような徹底した個人的自由を基礎として，その上に政治的自由を確立しようとした．

また，ミルは，社会主義についても独自の見解を持っていた．彼の社会主義に対する評価は，肯定と否定が混ざり合った複雑なものになっている．ミルは資本主義的な所得分配や私有財産制度が絶対的なものではないという認識を持ちながらも，社会主義は自由にとっての脅威になる恐れがあると考え，社会主義を全面的に支持することはしなかった．ミルにとって最も重要なことは，やはり自由であった．

ただ，ミルのなかに社会主義に対して親近感を抱く要素があったことは間違いない．この点において，ミルは，同時代の政治思想家であり，同じく自由を重視したトクヴィルとは大きく異なっている．トクヴィルには個人の自立や自律と自由を重ねて考える傾向があり，そのような彼にとって経済的安定を保障する政府を要請する社会主義は容認することはできなかった．トクヴィルにおいて，政治および政治的自由は経済や社会よりも重視されるべきものであった．これに対して，ミルは政治も含んだ社会全体を視野におさめて，その社会の改革を試みた．結果的に，トクヴィルと比較した場合，ミルにおける政治的自由の重要性は相対的に低くなっている．

第10章
カントとヘーゲル

1. カントの哲学

（1） ドイツ観念論

市民革命を経て，近代国家の体裁を整えていたイギリスやフランスに対して，19 世紀の前半においても未統一のままであったドイツは近代国家の形成に遅れをとっていた．ドイツの諸邦の多くは君主国であり，そこでは君主や貴族たちが政治権力を掌握していた．このようなドイツにおいて，きわめて思弁的な哲学であるドイツ観念論は生まれ，19 世紀西ヨーロッパの思想世界を先導していくことになる．

　一般的な理解では，ドイツ観念論は，ヨーロッパ大陸の合理主義的な哲学とイギリスの経験論的哲学が総合されたものだとされている．それは，イマヌエル・カント（1724-1804）によって始まり，ヨハン・ゴットリープ・フィヒテ（1762-1814）やフリードリヒ・シェリング（1775-1854）を経て，そしてゲオルク・ヴィルヘルム・フリードリヒ・ヘーゲル（1770-1831）によって完成されたと考えられている．その特徴を一言でまとめるのは難しいが，あえていえばそれは人間の精神を重視する哲学である．それは，人間という存在の中心にその精神を置き，その精神の発展過程を重視する哲学理論である．

　ドイツ観念論，特にヘーゲル以降の観念論に特徴的な思考様式が，弁証法（Dialektik）である．弁証法自体は，ヨーロッパにおいて古くから存在していたが，ドイツ観念論において発展的に活用され，またそれは観念論の発展

に貢献した.

弁証法では,対立とそこからの発展を重視する.物事には「正」(テーゼ)と「反」(アンチテーゼ)の要素が存在しており,そこには対立と摩擦がある.この正と反をより高い段階へと止揚(アウフヘーベン)することによって,新たな「合」(ジンテーゼ)が生まれる.このような,正と反と合の対立と止揚を積み重ねていくことによって,世界は生成され,歴史は進んでいく.そして,世界と歴史は完成段階へと到達する.

(2) カントの人間論

カントは,1724 年,東プロイセンのケーニヒスベルクで生まれた.父親は馬具職人で,ルター派の流れを汲む敬虔主義と呼ばれる宗派の信者であった.そのため,カントは,敬虔主義派の学校で教育を受ける.しかし,彼は学びを深めていくなかで宗教に対する懐疑心を抱くようになり,しだいに自然科学に興味を持つようになる.成長して,彼は地元のケーニヒスベルク大学に進学し,哲学を学ぶ.だが,そこでも天文学をはじめとする自然科学に対する関心は失われなかった.その後,彼はさまざまな研究成果を公にしていくが,初期に目立つのはやはり天文学に関する研究である.後に,「カント・ラプラス理論」と呼ばれる学説も明らかにしている.カントは,1755 年,ケーニヒスベルク大学の私講師となり,この後はそれで暮らしを立てていく.

さて,カントはさまざまな学問を幅広く研究したが,なかでも彼に衝撃を与えたのはルソーの著作であった.カント自身も告白しているが,かつて彼のなかには民衆に対する侮蔑的感情があった.しかし,ルソーの著作をとおして,人間を尊敬することを学んだと記している.

カントには複数の大学から教授職の打診があったが,彼はこれらを辞退し続け,正式にケーニヒスベルク大学の教授に就任したのは 1770 年のことであった.一般に広く知られるカントの著作が出版されるのは,教授職就任以降のことである.1780 年代は多産な時期で,1781 年に『純粋理性批判』,

1788 年に『実践理性批判』，そして 1790 年に『判断力批判』が出版された．この間，カントはケーニヒスベルク大学の学長も務めている．しかし，プロイセンの新たな国王が保守的な人物であったことから，カントの哲学が問題視されるようになり，宗教と神学に関する講義や執筆は行わないという宣誓を余儀なくされる．老年を迎えたカントは，街の人々から尊敬を集め，彼もたびたびさまざまな立場の人々を食事に招いたが，その場で哲学について話すことは少なかった．1804 年，カントは死去するが，生涯にわたり，ケーニヒスベルクから遠く離れることはなかったといわれている．

　カントの人間論では，人間は理性的存在である．「人格とは，行為の責任を負うことのできる主体である．それゆえ，道徳的人格性とは，道徳法則の下にある理性的存在の自由に他ならない」（カント 1966：46）．カントにおいて，人間という存在は人格として理解され，その人格には感性的な部分と理性的な部分がある．人間の生存のためには感性的部分も重要であるが，これは自然法則の拘束を受けている．これに対して，理性的部分は道徳法則に従う．カントの考える道徳は，次の言葉に集約される．「汝の格率が普遍的法則となることを汝が同時にその格率によって意志しうる場合にのみ，その格率に従って行為せよ」（カント 2005：286）．人間の本質は，理性的存在である．人間は理性に従っている時のみ，そして普遍的な道徳法則に従っている時のみ，真に自由なのであり，それこそが真の人間の姿なのである．カントは，人間の理性を最大限評価し，それを道徳と結びつけ，それによって人間の自由を根拠づけた．

　カントの啓蒙に関する議論は，このような人間観の上に成り立つものである．彼は，人間が知的に未成熟な状態を「未成年」と形容し，啓蒙とはその未成年状態から脱することを意味するとした．未成年状態は感性によって支配されている状態であり，自然法則に縛られている状態，言い換えればそれに隷属している状態ということになる．人間はそこから脱しない限り，自由ではありえない．だからこそ，啓蒙が必要なのである．

　このようなカントが理想と考えた政治体制は，共和政である．彼は，『永

遠平和のために』(1795) のなかで，その条件となる政治体制について述べている．「第一に，社会の成員が（人間として）自由であるという原理，第二に，すべての成員が唯一で共同の立法に（臣民として）従属することの諸原則，第三に，すべての成員が（国民として）平等であるという法則，この3つに基づいて設立された体制——これは根源的な契約の理念から生ずる唯一の体制であり，この理念に民族の合法的なすべての立法が基づいていなければならないのであるが，こうした体制が共和的である」（カント 1985：29-30）．カントは，自由で平等，そして君主の恣意などに左右されない法的統治としての共和政を理想とする．このような社会契約説的な共和政は，人間の理性的能力の可能性に信頼すれば，必然的に到達する結論であった．また，人間の理性が普遍的な性格を持つものであるとすれば，最終的にそのような政治体制が世界全体に拡大することになり，結果的に国際連合的な機構が誕生することになる．人間の理性に対して寄せた信頼によって，カントの抱く国家像や国際関係の姿は楽観的なものになっている．

　ただし，理性を過度に重視する態度は，カントの思想に大きな問題をもたらしている．それは，理性の能力的格差に基づく人間の峻別である．彼は，政治の場面における人間を，「能動的国民」と「受動的国民」に分類した．政治的主体にふさわしいとされた能動的国民に対して，受動的国民は他人の指示に従属する，政治的資質が不足した人間であるとされた．そして，受動的国民には，商人や職人の徒弟や女性がそれに該当するとされた．

　理性を重視するカントの哲学や政治思想は，身分制や因習の束縛から解放された自由な政治理論の構築に貢献した．また，王政下のプロイセンにありながら，社会契約説に基づく共和政を主張した．しかし，現代的な視点から彼の思想を考えた時，時代的な制約があったとはいえ，そこには問題となる思想が含まれていたことは注意する必要がある．

2. ヘーゲルにおける市民社会と国家

(1) ヘーゲルの考える市民社会

　ヘーゲルは，1770年に，ドイツ南部のシュトゥットガルトに生まれた．父親はプロテスタントを信仰する役人であった．1788年，ヘーゲルは，チュービンゲン大学に進学し，神学と哲学を学ぶ．そこには，同級生として詩人フリードリヒ・ヘルダーリン（1770-1843）のほか，同じドイツ観念論の哲学者であるシェリングが下級生として在学していた．ヘーゲルは，主としてカント哲学を学んだが，同時にルソーにも強い関心を示した．フランス革命が発生すると，ヘーゲルは他の学生とともに「自由の樹」を植え，その周囲で踊り，革命の発生を祝ったといわれている．

　大学卒業後，ヘーゲルは，家庭教師などを務めながら，哲学研究に取り組んだ．この頃の研究の主題は，哲学と宗教の関係をめぐるものが多くなっている．また，この当時はちょうどフランスにおいて革命政権による恐怖政治が行われていた時期であり，共和政に対するヘーゲルの思い入れはしだいに冷めていった．

　1801年，ヘーゲルは，イェーナ大学の私講師となる．イェーナ時代，彼は，その主著である『精神現象学』（1807）を著している．

　ヘーゲルは1816年のハイデルベルク大学教授の就任を経て，1818年フィヒテの後任としてベルリン大学の教授に就任する．ここから，彼の研究者・大学人としての絶頂期が始まる．この当時，プロイセンでは極端な愛国心が幅を利かせており，ヘーゲルのベルリン大学教授就任はこの状況に対応するために文部大臣アルテンシュタインがヘーゲル哲学に期待した結果としての人事であった．このベルリン時代に書かれたのが，『法の哲学』（1821）であった．ヘーゲルは研究だけでなく，学生の教育にも熱心であり，多くの門下生が輩出されることになる．そして，1829年には，ベルリン大学の総長に任命され，名実ともにドイツを代表する哲学者となった．1831年，ヘーゲ

ルは，当時流行していたコレラにより死去する．

　ヘーゲルの政治思想を考える上で，最も重要な著作は『法の哲学』である．そこで登場する概念が，「人倫」（Sittlichkeit）である．「人倫は，自由の理念であり，生ける善として存在する．この善は，自己意識のうちに，自らの知と意欲とを持つとともに，自己意識の行為によって，自らの現実性を持つ．このことは，自己意識が人倫的存在において自分の即自的かつ対自的に存在する基盤と自分を動かす目的とを持つのと同様である．——したがって，人倫は，現存する世界となり，自己意識の本性となった自由の概念である」（ヘーゲル 2021：下，13）．これをまとめると，人倫とは真に自由な人間によって形成される有機的な人間関係・社会関係のことである．ヘーゲルはカントの哲学の影響を受けているが，あくまでも批判的にこれを継承した．カント哲学における自由の根源は，各人間が持つ理性である．そのため，自由の根源は自分自身にある．ヘーゲルの考えでは，このようなカントの見解は社会の原子化をもたらす．そこで，ヘーゲルは，自由というものは，法律や諸制度を含む社会全体のなかで位置づけられると考えた．このような社会の「諸規定の体系」（ヘーゲル 2021：下，15）が人倫である．人倫という関係性のなかで，人間はその他の存在と有機的な関係を結ぶことが可能になり，そこではじめて真の人間の自由を獲得できるのである．ヘーゲルの人倫概念の誕生には，このようなカント哲学に対する批判のほか，市民社会に対する独特な見解も影響している．

　ヘーゲルは市民社会に対して，興味深い定義づけを行っている．社会契約説では，市民社会は自然状態の問題点を克服した状態として考えられてきた．これに対して，ヘーゲルは，「諸個人の欲求と充足とを，自分自身の労働とすべての他のひとびとの労働および欲求の充足によって媒介すること——欲求の体系」（ヘーゲル 2021：下，86）として，市民社会を理解する．市民社会は，人間の欲望によって支配され，労働をとおして実現されるものである．これには，社会契約論者とヘーゲルの時代的な差が影響していると考えられる．社会契約説がさかんであった 17 世紀から 18 世紀の前半はイギリスのよ

うな先進国においても産業化は未成熟であり，経済の発達度合いも低かった．
そのため，経済に対する警戒感は強くはなかった．むしろ，個人の権利，と
りわけ所有権の保障は，個人の自由の基礎とされた．そして，経済の上に成
立する市民社会は，人間の自由が現実化される場だと考えられた．他方，ヘ
ーゲルが人生の後半を送った 19 世紀，ドイツの産業化は遅れていたが，経
済の問題点は他国の様子から明らかになっていた．貧困問題をはじめ，経済
が人間の尊厳を傷つける恐れがあることはしだいに理解されるようになって
いた．ヘーゲルは，そのような状況を目の当たりにし，経済の動因が人間の
欲求にあることを見抜いた．市民社会が公共心ではなく利己心に基づいて成
立しているとわかった以上，それを中心とした政治思想を構想するわけには
いかない．そこで，ヘーゲルが考えたのが，国家であった．

(2)　ヘーゲルの国家哲学

　ヘーゲルの国家において，重要な役割を果たすのが，「行政」（Polizei）と
「職業団体」（Korporation）である．

　行政は，社会全体が公共性を逸脱しないように調整する役割を担う．「日
常的な欲求が野放図に多様化し錯綜してくるにつれて，誰もがその妨げられ
ない可能性を当てにするような欲求充足の手段の調達や交換に関して，さら
にまたできるだけ短縮されるべきこの調達や交換についての調査や商談に関
して，共同の利益であり，ひとりの仕事が同時に万人のためであるような諸
側面が生じる．——つまり共同の使用のために存在しうるような手段や配備
が生じる．この普遍的な仕事や公益のための配備は，公的権力の監督とあら
かじめの配慮を必要とする」（ヘーゲル 2021：下，154-5）．ヘーゲルは市民
社会の問題を認識しながらも，それを否定することはしなかった．ただし，
市民社会の運営には，適切な管理と調整が必要である．そして，欲求充足の
場である市民社会を公的な観点から調整するのが，行政である．行政は適切
な規制や統制をとおして，市民社会の公共性を維持する．

　他方，職業団体は，社会の第一の根幹である家族に次いで，「第二の，す

なわち市民社会に根ざす，国家の人倫的根幹を成す．……市民社会では欲求と享受との自分のうちへ反省した特殊性と，抽象的な法的普遍性とに二分されているこれら両契機を，内面的な仕方で統合する」（ヘーゲル 2021：下，177）．職業団体とは，古くからヨーロッパ社会に広く見られた組織であり，同業者による相互扶助団体という性格を有していた．ヘーゲルは，この伝統的な組織を，国家の枢要な機関に位置づける．行政によって統制された市民社会であったとしても，そこから取りこぼされる人々が現れる．職業団体に期待されていることは，そのような人々を救済することである．それをとおして，すべての人間が国家へと統合されていくことになる．

　国家は，「人倫的理念の現実性」であり，「顕現した，自分自身にとって明瞭は実体的意志としての人倫的精神」である（ヘーゲル 2021：下，181）．国家は，人間の真の自由を実現することができる最高の共同体である．国家においてはじめて，公共性と自由は両立し，市民もその恩恵を享受することができる．

　ヘーゲルの国家機構には，君主権・統治権・立法権が存在する．まず，君主権は文字どおり君主の持つ政治権力であり，他の２つの権力に対して優位にあり，これらを総合する権限を有している．統治権は，君主権の指導の下，実際の行政を行う権力である．立法権は，職業団体から選出される議員の他に，君主や統治権の執行者も加わる．ヘーゲルは立憲君主政という言葉を用いるが，それはイギリスのものとはまったく性格を異にしている．イギリスにおいて政治の中心は議会であり，君主は議会の統制の下に置かれる．これに対して，ヘーゲルの考える立憲君主政では，すべてが君主の下に置かれており，君主こそが国家の唯一の体現者となる．国家内のすべての存在が，君主の下に組織化されている．立法権を有しているはずの議会も，その実態は君主によって体現されている国家の理念を学ぶ場である．このように，ヘーゲルにおける国家は，近代を迎えて複雑化した国家を強力な君主政によって統合する目的を有していた．

　ちなみに，ヘーゲルによるこの国家像は，弁証法によって導き出されたものである．人間集団の基本単位としての家族を正とし，欲求の体系としての

市民社会を反とし，それらを統合する国家が合となる．弁証法的な考え方に
よれば，家族も市民社会も欠点を抱えているが，これらを否定する必要はな
い．むしろ，これらを止揚して，国家という高次の段階へと成長させていく
ことによって，問題を克服することができる．

　ヘーゲルは，ドイツ（プロイセン）の政治と密接に関わりながら，思索を
重ね，遠大な哲学理論を打ち立てた．その根底にあったのは，自由を熱烈に
希求する精神であった．しかし，実際のところ，彼が構築したのは，きわめ
て国家中心の政治思想であった．

　ヘーゲルの政治思想では，国家のなかに，君主も，統治機構も，市民も，
すべて統合されている．すなわち，君主にとっての自由は国家にとっての自
由であり，国家にとっての自由は市民の自由でもあるという論理が成り立つ
ようになっている．しかしながら，現実の政治を考えた時，そのような見立
てが楽観的であることはいうまでもない．

　また，ヘーゲルの政治思想で特徴的なことは，そこで重視されている自由
がきわめて精神的なものである点である．彼は，弁証法という思考様式を採
用し，人間の歴史を精神の発展の歴史として読み換える．人間は歴史の流れ
のなかで自由を追求してきたが，その結果人間の精神は最高度の発展を遂げ
た．つまり，現代は，最高に自由が実現されている状態なのである．

　ヘーゲルの政治思想において，政治的自由と個人的自由と社会的自由は最
高度に実現されている．しかし，それは，彼の考えのなかにおいてである．
国家や権力に対するヘーゲルはあまりにも楽観的であり，そして警戒感に欠
けたものであった．

　壮大なヘーゲルの哲学は，19世紀の哲学を支配する．ヘーゲルの考えを
直接的に継承していった人々は，保守的で宗教的，そして国家主義的なヘー
ゲル右派を形成する．これに対して，ヘーゲル哲学を唯物論的に理解し，実
践を重視した人々は，ヘーゲル左派を形成する．そして，ヘーゲル哲学自体
に疑問を抱き，国家や歴史よりも人間や個人という存在に注目した人々は，
実存主義を唱える．

第11章
社会主義思想

1. 初期社会主義思想

(1) サン゠シモンの社会主義思想

アンリ・ド・サン゠シモン（1760-1825）は，1760年，名門貴族の家系に生まれた．その生没年を見るとわかるように，彼はフランスの激動期を生きた．サン゠シモンはわずか16歳で渡米し，アメリカ独立戦争のフランス義勇軍に参加し，ラファイエットらとともに戦った．このアメリカ滞在経験は，後のサン゠シモンの政治・社会思想に強い影響を与えることになる．フランス革命の時期，彼は革命に賛同していたにもかかわらず，恐怖政治の時期は投獄されてしまう．また，解放後は財産を奪われるという不運にも見舞われる．その後のサン゠シモンは，主として思索と執筆活動に取り組んでいく．晩年に入ると経済的な困窮にも直面し，1823年には自殺を企てている．しかし，その後は執筆活動に励み，没年である1825年には代表的著作である『産業者の教理問答』や『新キリスト教』が発表されている．

生前のサン゠シモンはあまり評価されていなかったが，むしろ彼の没後に弟子たちによってサン゠シモン主義という思想がフランス内に広まっていく．サン゠シモン主義者の思想は必ずしもサン゠シモン自身の考えと一致していたわけではなく，内容もさまざまであった．しかし，19世紀の半ばになると，サン゠シモン主義は，産業化が急速に進んでいたフランスで一定の支持を受けるようになる．なお，社会学の祖とされているオーギュスト・コントは，

サン=シモンの秘書を務めた経験があった．サン=シモンの影響は，陰に陽に
フランスの社会に影響を与えていた．

　サン=シモンの政治・社会思想では，社会の中核が市民ではなく，「産業
者」（industriel）だという点に特徴がある．彼によれば，「産業者とは，社会
のさまざまな成員たちの物質的欲求や嗜好を満たさせる一つないしいくつか
の物的手段を生産したり，それらを彼らの手に入れさせるために働いている
人たちである」（サン=シモン 2001：10）．サン=シモンの考えでは，農業者や
製造業者，商人が，産業者を構成する三大要素である．つまり，社会の大多
数を占める民衆の多くが，産業者として位置づけられる．そして，サン=シ
モンは，「産業者階級は最高の地位を占めるべきである」（サン=シモン
2001：11）と考える．このようにサン=シモンの政治・社会思想は産業者統
治を主張しているわけだが，人数的に考えればこれは事実上の人民主権の主
張でもある．

　産業者に期待されるのは，産業活動の管理と運営である．サン=シモンの
なかで産業とは国家全体の営みを指しているため，要するにこれは国家の運
営を産業者に委ねることを意味している．これからの国家において最も重要
なことは，産業をとおして国富の増大を図ることであり，それが可能になれ
ばすべての人々が恩恵を受けることになる．サン=シモンが生きた時代，フ
ランスの産業化は始まったばかりであったが，彼はその時代の変化に即応す
るかのように新たな社会を構想した．

　だが，サン=シモンの産業者統治には，個人主義への対処というもうひと
つの意図があった．個人主義はトクヴィルの個所でも登場したが，19 世紀
の前半にこの概念がさかんに思想家によって取り上げられた背景には，社会
の原子化や社会の解体に対する警戒感があった．近代以降の政治思想が強調
してきたのは個人という存在であったが，この頃になると個人の強調がもた
らす弊害に対する懸念がしだいに共有されるようになってくる．トクヴィル
は，自立した個人の公的実践による個人主義の克服を考えた．一方，サン=
シモンは，個人主義に対応するために社会全体の組織化を考えるのである．

サン=シモンのめざす国家は，組織化をとおして産業者が社会全体を統治する体制である．組織化の方法は，議論や説得といった平和的な手段が採用される．ここには，暴力化したフランス革命に対する反省が見られる．公共財産の管理に代表される国家の指導は，主要な産業者に委ねられる．国家が産業的利益の拡大という共通の目標を実現するためには，国家全体がひとつに組織化されている必要がある．それによって，効率的な国家運営が可能となる．

　サン=シモンの政治・社会思想は，不労階級であった貴族たちを国政の意志決定から排除するにあたって有効であった．また，彼の思想は，国民の大多数を産業者に含めていることを考えると，一見民主的でもある．しかしながら，サン=シモンの政治構想は，デモクラシーに分類するのは難しい特異な性格を持っている．

　第一に，サン=シモンは，理想の政治体制として「産業的君主政」（monar-chie industrielle）を考える．これは，組織化された産業者体制の頂点に君主を戴く体制である．サン=シモンの理解では，以前より産業者と君主は連携関係にあった．彼は，産業者と君主の本来の良好な関係を発展させ，第一の産業者として国王を頂点に置く体制こそ，理想の政治体制であると考えた．だが，サン=シモンの産業者国家は，管理化と組織化が徹底された政治体制である．その頂点に君主が置かれた場合，その体制が新たな専制や独裁を生み出さない保証はない．

　第二に，サン=シモンは，産業者のなかで指導的な役割を果たす層を想定している．つまり，彼は，エリート的な産業者が求められると考えている．サン=シモンは，産業者統治が平等を原則とする体制だと再三強調しているが，エリートの産業者たちが新たな上流階級となってしまう恐れは十分にある．

　サン=シモンは，西洋政治思想史のなかでは異質の思想家である．彼は，西洋政治思想史において最も重視されてきた価値観すなわち自由を否定するのではなく，それに対する評価をやめる．サン=シモンは，自由主義という

言葉ではなく，今後は「産業主義」(industrialisme) という語を掲げるように主張した．その理由のひとつは，当時のフランスにおいて自由主義という言葉には，特有の政治色があったためである．サン゠シモンは，自身の唱える政治・社会思想に既存の政治的な党派色がつくことを避けた．それ以上にサン゠シモンが産業主義という言葉にこだわった理由としては，彼が産業主義という概念をとおして新たな価値の提起をめざしていたことが挙げられる．サン゠シモンは，産業化の時代には，それにふさわしい新たな価値観が必要であると考えた．

(2)　その他の初期社会主義思想

　既に述べたように，19世紀前半，フランスは急速な産業化を実現した．しかし，そのような急速な産業化に比例するかのように，経済発展の歪みも顕在化していった．とりわけ，顕著だったのが貧困問題であった．都市に集まった人々は産業化に伴って，労働者という新たな階級を形成する．過度の人口集中は労働者人口の過剰もひき起こし，労働力の供給が増大した結果，賃金の大幅な低下を招いた．労働者階級は貧困に苦しむことになる．

　当時のフランスの知識人たちは，このような状況を社会の崩壊として認識した．社会は，裕福な階級と貧しい労働者階級に分断されてしまっている．社会の原子化が進み，相互扶助の精神も失われていく．このような時代状況の把握によって，貧困問題は「社会問題」として理解されるようになる．

　そのようななかで目立った活動を行ったのが，サン゠シモン主義者たちであった．サン゠シモンの晩年期の著作である『新キリスト教』の影響を受けて，その弟子や信奉者の集団は宗教的な性格を帯びるようになり，奇矯な集団という評価をされるようになる．その一方で，フランスの名門教育機関であり，サン゠シモンもゆかりのある国立理工科学校（エコール・ポリテクニク）の卒業生の間でサン゠シモンやサン゠シモン主義者の思想が広がっていくことになる．国家全体を組織化し，エリートによる国家指導を提唱したサン゠シモンの思想は，実際のエリートたちにとって都合のよいものであった．

　産業社会を前提としていたサン゠シモンらに対して，シャルル・フーリエ（1772-1837）は産業化自体に疑問を感じていた．フーリエは，裕福な商人の子として生まれたが，幼い頃から商業活動や経済活動に対して違和感を抱いていた．彼は，産業の発展が貧困をはじめとする社会問題の根本原因であり，産業自体を否定しなければならないと考えた．そこでフーリエは，農業による自己完結的共同体「ファランジュ（ファランジェ）」の建設を構想した．彼の考えでは，産業化によって労働者に強いられる分業は，人間性の喪失をもたらす．ファランジュでは人々は協働して農業に従事し，人間がもともと持っている情念が健全に解放されると考えた．フーリエは，狭い意味での経済問題にとどまることなく，産業化によって失われた人間らしさを取り戻すために新たな共同体を構想した．

　イギリスのロバート・オーウェン（1771-1858）は，工場主・資本家という立場から経済発展の問題に向きあった．オーウェンは，若い頃に商店奉公して身を立て，マンチェスターで紡績工場を経営するまでにいたる．後にスコットランドのニューラナークの紡績工場も経営するようになり，そこで作業の効率化や勤務時間の短縮といった改革を実行した．また，児童労働の改善にも尽力し，工場内に児童のための教育機関を設置した．さらに，オーウェンは，労働者の協同組合による産業管理を進めようとした．その後，オーウェンは，アメリカに渡り，「ニューハーモニー」という村を作り，理想の共同体を築こうとしたが，その運営は混乱し，短期間で失敗している．ニューハーモニーの失敗によって貧困に陥ったオーウェンはイギリスに帰国し，主に言論をとおして資本主義経済の問題点を追及した．

　オーウェンが批判したのは，人間を自由な主体と考える近代特有の思考様式であった．この近代的な人間観は，同時に各個人の責任を過度に強調し，社会の分断を惹起する．オーウェンが協働することの重要性を強調したのは，そのような人間社会の分断を危惧したからであった．人間は，他者との協働をとおして，人間らしさを回復することができるのである．

　これらの試みの他に，所有自体を問題視したのがピエール・ジョセフ・プ

ルードン（1809-65）であった．彼は，フランスのブザンソンの貧農の家に生まれた．幼少の頃より働かなければならず，満足な教育は受けていないが，独学で高い教養を身につけた．プルードンは，早い時期から私有財産制度の問題点を認識し，これを厳しく批判した．また，そのためにたびたび弾圧を受けることにもなる．

プルードンの思想は，後に「無政府主義」（anarchism）と評されることになる．プルードンの思想が無政府主義としての性格を持つにいたったのは，自由に対する彼の強い思いがあったからである．プルードンとサン゠シモンをはじめとする他の社会主義者との違いは，政府による管理や統制に対する評価の違いにある．サン゠シモンらが国家の組織化や管理によって社会問題の克服を試みたのに対して，プルードンはそのような手法は自由の抑圧につながると考えた．そして，そのような統制が消滅すれば，人間は本来の人間性を取り戻すことができると考えた．

フーリエ，オーウェン，そしてプルードンらの社会主義思想に共通しているのは，「人間らしさ」を追求する姿勢である．急速に発展を遂げた資本主義経済がもたらした人間性の喪失を克服することが，彼らの思想の目的となっていた．しかし，「人間らしさ」は，政治がめざすべき目標としてはあまりにも曖昧であり，結果的に彼らの思想は具体性に欠けた空想的なものとなっている．そのため，後に「空想的社会主義」と揶揄されることになる．

サン゠シモンも含め，初期社会主義者たちは，社会的自由の確立をめざしていた．しかし，最終的な到達地点や自由に関する見解は，それぞれ大きく異なっている．ただ，全体的にいえることは，西洋政治思想が長く重視してきた政治的自由は，彼らにとっては重視すべきものではなかったということである．かれらの視野は政治的領域を超え出ており，非政治的領域での自由を追求するものになっている．

2．マルクスの共産主義

(1)　マルクスの人間論

　カール・マルクス（1818-83）は，ドイツのトリーアに生まれた．父はユダヤ系の裕福な弁護士であった．幼少年期のマルクスは比較的自由な教育を受け，その後は父の後を継ぐためなのか，法律学を学ぶために，ボン大学に入学した．しかし，彼は法律学を学ぶことには熱心ではなく，文学に関心を持ち，学生活動にも熱中した．マルクスは，ベルリン大学に転学すると，その頃から哲学に強い関心を示すようになり，当時支配的であったヘーゲル哲学を学ぶことになる．その影響で，彼は大学で哲学研究者として生きていくことを希望するようになる．マルクスは古代ギリシアの哲学者デモクリトスとエピクロスに関する博士論文をまとめるが，無神論的な冊子を発行したという過去の行動が問題となり，大学で職を得ることは絶望的になった．その後，彼は主としてジャーナリズムで生計を立て，在野の哲学者として生きていくことになる．マルクスは検閲の厳しくない地域を探して移動し，そこで発行物を出すという生活を送っていたが，政府批判を繰り返す彼に対して当局は監視を強めて弾圧を行った．そして，ベルギー滞在時には，ついにマルクスは逮捕されることになる．この間，マルクスは，ヘーゲル哲学の再研究を行いつつも，活動家としての性格を強めていく．

　1848年，マルクスはプロイセン領のケルンに入り，『新ライン新聞』を発行し，それをとおして革命を煽動した．結果的にマルクスは煽動罪で起訴されるが，無罪判決を受けて解放される．しかし，同地を後にして，フランスに移る．だが，入国手段が不法であったため，今度は国外追放処分を受ける．もはや，ヨーロッパ大陸にマルクスが安住できる国はなく，消去法的に彼はイギリスに渡ることになる．

　イギリス時代のマルクスはもっぱら研究に時間を充てており，毎日のように朝から夜まで大英図書館で研究生活に励んだ．だが，生活の糧はなく，家

族全員が極貧生活を送ることを余儀なくされた．しかし，この時代はマルク
スにとって思想家としては充実した時代であり，最大の著作である『資本
論』（1867）もこの時期にまとめられる．

　活動家としては，1864 年に第一インターナショナルという社会主義者団
体が結成されると，その指導者に選任された．しかし，この組織の運営では，
各国の社会主義者の考えの違いが顕在化することになり，また当局の弾圧も
あり，1876 年には解散する．

　晩年のマルクスは健康を害し，各地で療養生活を送っていたが，その甲斐
もなく，1883 年にロンドンで死去した．

　マルクスの人間観は，人間という存在の内部に分裂が存在しているという
認識から始まる．近代市民社会を前提とした政治思想では，人間とはすなわ
ち市民であった．これに対して，マルクスは人間と市民が別の存在であると
いう．そして，この分裂が人間の不幸の原因であると考える．ヘーゲルもこ
の分裂は認識しており，それを人倫としての国家によって克服しようと試み
たが，マルクスによればそれでは不十分である．

　マルクスは，人間の本質を，「類的存在」（Gattungswesen）であるとする．
類的存在とは理想の人間の姿を表現する概念であり，この概念によれば人間
は労働をとおして他者との関係性のなかで自己を確立していく．ところが，
現実の人間は分裂状態に陥っている．マルクスは，この問題を解決するため
に，労働によってこの分裂を具体的に解決していくことを考える．

　マルクスによれば，人間は「労働する動物」（homo faber）である．人間
の本質は，自然に働きかけて，そこから具体的に何ものかをつくり出してい
く行為すなわち労働のなかにある．つまり，労働の生産物のなかには，真の
自分が顕れているのである．だが，現実の分裂状態において，人間が置かれ
ているのは，まったく異なった状態である．生産物は，労働者の労働とは無
関係に現れている．この状態を，マルクスは「疎外」（Entfremdung）と呼ん
でいる．疎外が生じる要因としては，分業と交換すなわち市場がある．人間
が自分ですべてを生産し，それを自身で消費していれば，疎外は生じない．

だが，分業によって人間はすべてを把握できないまま生産活動に従事し，その成果である生産物も自身の与り知らないところで交換が行われている．だが，これらの疎外が発生する根本原因は，賃労働にある．賃労働とは，人間が他人に雇用され，労働力の対価として賃金を支払われるという形の労働である．労働者は他人の指示に受動的に従って労働しているだけでなく，その対価である賃金も搾取されて完全に受け取っているわけではない．本来，労働は人間に生の充実をもたらすものであるにもかかわらず，資本主義経済においては，それは不可能なのである．

（2）　上部構造・下部構造

　マルクスの唯物論における中心的な概念が，上部構造と下部構造の概念である．それによれば，社会のあらゆる現象（上部構造）は，その土台（下部構造）である経済によって決定される．要するに，政治や法律だけでなく，文化のようなものまでも，経済（生産諸力）という下部構造によって決定されているということである．すなわち，政治を含む社会のすべては，経済によって規定される．

　マルクスの上部構造・下部構造という考えに基づけば，経済以外のあらゆる事柄が経済の影響下に置かれることになる．それは，もちろん，上部構造に含まれる政治も同様である．マルクスの思想において，政治は，経済に対して従属的な立場に置かれる．この考えに基づけば，政治を含む現代社会の諸問題の根本原因は，私有財産制度に代表される現状の経済構造にある．そして，政治の領域の問題もそれを根本的に解決するには，経済を変革しなければならないことになる．

　しかしながら，経済の改革は近代市民社会が前提としてきた資本主義経済と私有財産制度全体に手を入れなければならないため，そこで恩恵を被っているブルジョア階級の強い抵抗が予想される．そのため，この改革には，強力な革命が必要不可欠なのである．

(3)　革命の主張とプロレタリア独裁

　マルクスは,「今日までのあらゆる社会の歴史は,階級闘争の歴史である」(マルクス 2007:40) と考える. この階級闘争は圧制者と被圧制者との闘争であるが,その根底にあるのは生産と所有をめぐる対立であった. そして,産業化と資本主義が完成段階に到達したマルクスの時代,相争う階級は資本家階級であるブルジョア階級と労働者階級であるプロレタリア階級であった. ブルジョア階級は,プロレタリア階級の労働の成果を搾取することによって富を蓄え,資本主義は発展していく. しかし,実は,これはブルジョア階級にとって命取りになる行為である. なぜなら,資本主義経済には多数の労働者が不可欠であるため,資本主義の発展はプロレタリア階級の増大を伴うことになり,ブルジョア階級にとっての階級闘争の敵を増やすことになるからである. 数を増したプロレタリア階級が,搾取という社会の実態を認識した時,彼ら彼女らは階級闘争を戦い,ブルジョア階級を圧倒する. このようにして,共産主義革命が成就するのである.

　革命体制における統治者は,プロレタリア階級である. プロレタリア階級は,絶対的な立場から独裁的権力をふるって,さまざまな経済・社会改革を断行する. そこでは,土地の国家収用や相続権の廃止,主要な生産手段の公有化,そして都市と農村の対立の解消,また児童労働の禁止などの改革が強力に進められる. しかし,このプロレタリア階級支配の国家の成立は,共産主義革命の終着点ではない. これらの改革が実現されると,他の階級を支配することで成立する国家の必要性は失われ,国家自体が消滅することになる. その段階にまでいたると,人間は完全に解放され,強いられていた疎外は解消され,真の自由を獲得することができる.

　マルクスは壮大な哲学体系をつくり上げたが,その中核となるのは経済に関する理論であり,政治思想は経済理論に対して従属的な意味しか持っていない. あくまで重要なのは下部構造である経済領域であり,経済の改革が実現されれば上部構造に含まれる政治上の問題を自ずと解決されることになる. そのため,マルクスの思想において,政治というものは従属的なものに過ぎ

ない.

　マルクスに関する第一の評価は，貧困や搾取に代表される資本主義の構造的な問題点を理論的に解明したことにある. 初期社会主義者も資本主義経済の弊害は認識していたが，その理解は主観的なレベルのものにとどまっていた. これに対して，マルクスは，当時としては分析的に資本主義の問題点を考察した. 第二に，マルクスはヘーゲル哲学を批判的に継承し，発展させた. 彼は，ヘーゲル左派の立場からヘーゲル哲学を批判的に研究すると同時に，アダム・スミス (1723-90) をはじめとする経済学を広く学び，独自の哲学体系を確立した. マルクスの思想についての第三の評価は，それが階級対立と革命の不可避性を特質としていたため，結果的に後の時代に深刻な社会分断を招いたことにある. マルクスの共産主義は，19 世紀半ばから 20 世紀後半までの 1 世紀以上にわたって実際の政治的影響力を保持し，そのあまりに強烈な思想は政治や経済の場面やそれに関する議論において分断を生じさせた. そして，第四に，マルクスの思想は，近代以降の政治思想が実現した成果を完全に否定した. 近代以降の政治思想は所有権に基礎を置いていたが，マルクスの思想はその基礎を破壊することによって理想の社会を築こうとした. しかし，その結果，近代政治思想に基づく自由や権利を否定することになったのである.

　マルクス本人は，自分の思想が達成できれば，政治的自由と個人的自由と社会的自由のすべてを実現することができると考えていたことであろう. しかし，現実はそのようにはならず，むしろマルクスの共産主義は自由にとってマイナスに働くことになる.

3.　レーニンの革命論

(1)　帝国主義論

　マルクスによって理論化された共産主義は，レーニン (1870-1924) によって現実化された. しかし，レーニンは，マルクスの考えをそのまま形にした

のではない．レーニン自身が優れた理論家であり，彼によって共産主義思想は現実に合致した形で磨きがかけられることになる．

第一次世界大戦後期の 1917 年 3 月，ロシアで二月革命（三月革命）が発生する．このきっかけはペトログラード（サンクト=ペテルブルク）の貧しい民衆が食料品を求めて起こしたデモであり，皇帝ニコライ 2 世は退位して，ロシア帝国は崩壊した．その結果，立憲民主党による臨時政府が成立したが，国内の混乱も収拾できなければ，戦争の終結にも目処が立たないままでいた．このような状況のなか，レーニンは亡命先のスイスから帰国して，革命のさらなる徹底を宣言する「四月テーゼ」を発表した．レーニンが率いるボリシェヴィキは全国的に勢力を強めていき，1917 年 11 月に武力蜂起を起こして，政権を掌握した．これを十月革命（十一月革命）という．

さて，マルクスの理論では，共産主義革命は発展した資本主義の歪みの結果としてプロレタリア階級が起こすものであった．つまり，共産主義革命が発生するのは，最も進んだ資本主義国のはずであった．しかし，レーニンが属するロシアは，ヨーロッパのなかでも産業化が遅れ，資本主義が未成熟な国であった．マルクスの理論を当てはめると，ロシアは共産主義革命が最も発生しにくい国ということになる．レーニンの課題は，そのようなロシアにおいて共産主義革命を実行することにあった．

レーニンは，マルクスの時代とは変質した資本主義の姿を明らかにする．それが帝国主義であった．レーニンによれば，資本主義は，「工業の巨大な成長と，ますます大規模化していく企業への生産の集中の驚くほど急速な過程」（レーニン 1956：28）を特質とする．本来，資本主義は，市場における健全な競争が前提となっている．しかし，実態としては，資本主義は発展するほど，独占の程度が著しくなっていく．

加えて，独占化していくのが銀行である．高度な資本主義経済においては，産業資本と金融資本は，経営層における人的交流や出資などをとおして密接さを増していく．その結果，産業資本と同様に金融資本も独占化し，金融寡頭制と呼ぶべき状態が発生する．資本主義経済における銀行の役割に対する

注目が，マルクスとレーニンを隔てる点となっている．

　資本主義が発展すると，主要な輸出品は商品から資本へと変化していく．
高度資本主義国家では資本はつねに過剰であるため，金融資本は十分な利潤
を上げることはできない．これに対して，後進諸国では，資本は少なく，地
価や原料は安価で，人件費も低い．そのため，先進諸国の金融資本は，積極
的に後進諸国への投資を増大させる．その結果，資本家による世界の分割が
進められる．それは，金融経済の世界だけでなく，政治領域にも影響を及ぼ
す．「資本家団体の間には，世界の経済的分割を土台として一定の関係が形
成されつつあり，そして，これと並んで，またこれと関連して，政治的諸団
体の間に，諸国家の間に，世界の領土的分割，植民地のための闘争，『経済
的領土のための闘争』を土台として，一定の関係が形成されつつある」（レー
ニン 1956：125）．資本主義経済の世界分割に引率されて，列強国家による
世界分割が進められていくことになる．列強諸国は資本主義に引きずられる
ように植民地獲得競争に血道を上げる．この現象を，レーニンは帝国主義と
呼んだ．

　レーニンが『帝国主義』（1917）を発表した頃，ヨーロッパでは第一次世
界大戦が戦われていた．彼の考えでは，列強の帝国主義の衝突こそ，この大
戦の原因であった．レーニンは，全面戦争が戦われているこの時に革命を起
こせば，当局は革命を弾圧することができなくなり，全ヨーロッパに革命が
広がると考えた．

(2)　前衛党支配と独裁

　マルクスの理論に従えば，革命の担い手は労働者であるプロレタリア階級
のはずであるが，産業化に遅れたロシアではこの階級は十分に育っておらず，
民衆の大部分は農民や農奴であった．農民たちの多くは資本主義の矛盾と弊
害を理解していないため，革命の必要性を実感していない．そのため，レー
ニンは，農民が大多数を占める民衆を意識的に教育し，指導する必要がある
と考えた．それを担当するのが，前衛党である．党は，民衆に対して共産主

義とそれに基づく革命理論を教育することによって，彼ら彼女らを革命の担い手としてのプロレタリア階級に成長させる．

　それだけでなく，レーニンは，革命体制下における独裁の必要性も主張する．プロレタリア階級のみによる統治はマルクスも考えたが，レーニンはより強く暴力的な独裁を行うことを求めた．この体制は，法律などによる拘束を受けない，暴力によって維持される絶対的な独裁である．この絶対的権力によって，プロレタリア階級を強力に指導していく．レーニンは，議会制民主主義を衆愚政治だとして否定した．革命という事業を遂行し，共産主義国家を建設するためには，暴力的な革命と強圧的な独裁が必要不可欠なのである．

　実際，ロシア革命では，多くの血が流された．帝政の頂点に存在した皇帝一家だけでなく，革命に反対する勢力，そして反革命と疑われた人々までも粛正されていった．レーニンは，これらの暴力的措置をほとんど躊躇なく実行している．

　レーニンは，マルクスの思想を発展させただけでなく，ソビエト社会主義共和国連邦という現実の国家の建設に成功した．しかし，その方法はきわめて暴力的であった．その結果，もたらされたものは，世界と社会の分断である．分断の端緒はマルクスにあるが，レーニンによって共産主義国家が現実化されたことによって，分断は現実のものとして顕在化し，20世紀末までそれは残存することになる．レーニンの思想に対する警戒感を決定づけたのは，やはりその暴力性である．あまりに暴力的なロシア革命の様相を目の当たりにした人々は，それを強く忌避することになる．

　レーニンの思想と政治的営為を念頭に置きながら，初期社会主義思想を振り返ってみると，これらの思想の穏健さがわかる．初期社会主義思想は理想を現実のものにする力には欠けていたが，それは人々の関係性を融和的に再構築することによって社会問題の解決を試みる思想であった．一方，マルクスやレーニンの思想は，社会的諸問題を対立という形で顕在化させることによって可視化し，その問題点を力で除去することを試みた．同じ社会主義思

想でありながら，これらの間の違いはきわめて大きい．

　ただ，興味深いことに，マルクスも，レーニンも，自由という概念自体を
否定しているわけではない．しかし，マルクスやレーニンの考える自由は，
近代の政治思想が主張してきた自由概念とはまったく異なっている．マルク
スやレーニンの考えでは，真の自由は共産主義革命によって実現される．そ
れは，共産主義という思想の範囲のなかで理解される自由であり，近代政治
思想が思想的に積み重ねてきた成果としての自由ではなかった．むしろ，マ
ルクスやレーニンは，そのような過去からの蓄積を完全に否定するような概
念を提起し，さらに現実化した．そのため，数世紀かけて蓄積されてきた，
西洋政治思想の思想的営為は，マルクスやレーニンによって完全に否定され
たのである．この断絶こそ，自由主義体制と社会主義体制を分かつ根本的な
原因である．

第12章

ハンナ・アレント

1. アレントの生きた時代

(1) 大衆社会の諸問題

19世紀の半ば以降，西ヨーロッパでは各国において普通選挙制度が徐々に採用されるようになっていった．20世紀に入ると，一部の国では女性参政権もしだいに認められるようになった．これによって，人々の政治参加は確実に容易になっていった．しかし，これは政治的なリテラシーを身につけていない人々にも政治への関与を認めるものでもあり，デモクラシーの健全性が担保されなくなる危険性をはらんでいた．このような状況下に現れてくるのが，「大衆」(mass) という存在である．

大衆は，政治学的には市民と区別されることが多い．市民が公共心と政治的リテラシーを備えた人間であるのに対して，大衆はそれらのものが欠如した人間の群れとして理解されている．大衆は他人との同調を過度に意識し，公共性に対する配慮に欠け，自らの欲求の充足のみを追求する．また，大衆は理性的ではなく，感情に流されやすい．社会の成員のほぼ全員に政治に関与する権利が認められたにもかかわらず，肝心の民衆は大衆と化しており，デモクラシーを適切に維持することが不可能になっている．デモクラシーが制度的に確立された20世紀前半に出現したのが，この矛盾を抱えた大衆デモクラシーであった．

この大衆デモクラシーを大きく動揺させたのが，1929年のアメリカの株

価大暴落に端を発する 1930 年代の世界恐慌とそれに付随した政治的・社会的混乱であった．当時の世界各国の政治指導者の多くは，この事態に対して有効に対処することができなかった．大衆はこれに不満を抱き，強力な政治指導を求めるようになる．そのような大衆の要望に応えたのが，広く「全体主義」（totalitarianism）と呼ばれる政治体制であった．

　全体主義は各国においてさまざまな形で現れたが，そこには共通する要素もある．第一に，全体主義は，政治・経済・社会などの国家内のすべての領域において全体的統制・管理を行う．第二に，それは，そのような全体的統治を，時には暴力も使用して強行する．第三に，全体主義は，熱狂的な民族主義を採用する．そして，第四に，反体制的な存在の排除・迫害・殲滅を躊躇なく行う．ただ，これだけでは，大衆は全体主義に反発を抱いてしまう．そのため，全体主義体制は，大衆に対してさまざまな福利を約束するのである．強力な指導力によって，大衆の満足を満たすということが，全体主義の第五の要素となる．

(2)　経済に従属する政治

　全体主義が跳 梁するようになった原因としては，もはや政治というものの力が失われ，政治ではなく経済が世界を支配するようになったことが挙げられる．

　かつて，市民の関心は自由にあった．政治的自由に重点が置かれた自由の場合も，個人的自由を重んじる自由の場合もあったが，自由というものを尊重するという点に変わりはなかった．

　ところが，大衆社会と大衆デモクラシーで求められたのは，経済的な欲求の充足や経済的な安定の確保であった．日々の糧にも事欠く労働者たちにとって，経済面での安定は喫緊の課題であり，労働者をはじめとする一般民衆が経済を重視するのも無理はないことであった．

　問題は，これまで政治が追求してきた自由という価値が傷つけられることがあるとしても，経済的安定が得られるならば構わないという意識が人々の

間に広がったことである．自由を筆頭とする政治的価値の追求と擁護は二の
次となり，経済的問題の解決が人々の最大の関心になっていった．また，そ
のような状況に流されるように，政治領域における議論の多くも経済に関す
る事柄に終始するようになっていった．政治は，経済領域の問題に左右され
るようになったのである．

このような変化は，すでに予見されていた．トクヴィルは，デモクラシー
の進展に伴って人々が経済的安定の確保を優先するようになり，その欲求を
充足する専制的権力が誕生すると考えた．だが，トクヴィルの予測と異なる
のは，現実の登場した全体主義は決して柔和なものではなく，人々の自由と
安全にとって脅威となるものであったことである．現実の専制は，トクヴィ
ルの予測以上に危険なものであった．

2. 『人間の条件』

(1) 「労働」「仕事」「活動」

ハンナ・アレント（1906-75）は，ドイツ・ハノーヴァーのユダヤ家系に
生まれた．彼女はマールブルク大学やハイデルベルク大学などで学んだが，
この時に時代を代表する哲学者たちと運命的な出会いを果たす．なかでも，
マルティン・ハイデガー（1889-1976）やカール・ヤスパース（1883-1969）と
の出会いは，彼女の思想や人生に強い影響を及ぼすことになる．ナチス政権
が成立し，ユダヤ人に対する迫害が激化すると，アレントは反ナチス活動に
関与するようになる．その結果，身辺の危険を感じるようになると，まずは
フランスへ，そして 1941 年にはアメリカに亡命する．渡米後のアレントは，
積極的に学術研究を進め，現在広く知られている『全体主義の起原』（1951）
や『人間の条件』（1958），『革命について』（1963）といった著作を発表する．
また，教育活動にも力を入れ，ニューヨークのニュー・スクール・フォー・
ソーシャル・リサーチで哲学を講義した．アレントは，1975 年，アメリカ
で死去した．

　アレントは，『人間の条件』のなかで，自由な存在としての人間を定義するものは何なのかということを論じた．彼女は人間の生を3種類に分類している．第一の「労働」（labor）は，「人間の肉体の生物学的過程に対応する活動力」（アレント 1994：19）のことである．すなわち，労働とは，生物・動物としての人間が生存するために必要な行為のことである．これは生きるためには不可欠だが，人間の生物・動物的特徴に左右されるものである．第二の「仕事」（work）は，「人間存在の非自然性に対応する活動力」（アレント 1994：19）のことである．これは，特定の工作物を作り出すような行為を指し，人工的な世界を生み出す．芸術作品の創作はその典型である．これは意味のある行為のように見えるが，これも近代社会の桎梏から逃れることはできず，徐々に均質化していく．そして，第三の「活動」（action）は，「物あるいは事柄の介入なしに直接人と人との間で行われる唯一の活動力」であり，「多数性という人間の条件，すなわち，地球上に生き世界に住むのがひとりの人間 man ではなく，多数の人間 men であるという事実に対応している」行為である（アレント 1994：20）．物を媒介としない間人格的な行為とは，言論のことである．アレントはいう．「言論と活動は，このユニークな差異性を明らかにする．そして，人間は，言論と活動を通じて，単に互いに『異なるもの』という次元を超えて抜きん出ようとする．つまり，言論と活動は，人間が物理的な対象としてではなく，人間として相互に現れる様式である」（アレント 1994：287）．物を媒介としない言論活動は，各個人が人間性を十全に発揮することを可能にする．それによって，人間は，自身が「何者」（who）であるかを明らかにすることができる．そして，人間の自由は，そこにおいて実現されるのである．

　アレントの活動という概念の起源は，古代ギリシアのポリスに求められる．古代ギリシアにおいて，人間の世界は公的領域であるポリスと私的領域であるオイコス（Oikos）すなわち家政に分類されていた．これらは相異なる対立的な性格を持っており，古代ギリシアではオイコスに対してポリスが優位に置かれていた．このオイコスは，経済（economy）という概念の原型であ

る．つまり，ここでは政治という公的領域と経済・家政という私的領域が分けられ，経済・家政に対する政治の優位が確立されていた．アレントは，そのような古代ギリシアの価値観から影響を受け，現代社会において経済に対する政治の優位をあらためて主張した．

　アレントの主張の背景には，古代ギリシアとは異なり，政治に対して経済が優位にある現代への懸念が存在した．大衆デモクラシーの時代に経済優位の思想が結びついた時，そこには大きな危険が誕生する恐れがある．アレントは，この問題を解決するためには，経済に対する政治の優位を再確立する必要があると考えたのであった．

（2）　アレントの考える自由

　政治と経済の対抗関係を明確に意識し，現実の歴史的事象を材料として考察を行った著作が，『革命について』である．これは，アメリカ独立革命を材料として，それとフランス革命を比較検討して，自由について考察した著作である．

　フランス革命は，社会問題すなわち貧困問題を解決するための革命であり，自由を目的とした革命ではなかった．そして，アレントの分析では，貧困問題の解決と暴力は容易に結びつく．つまり，フランス革命が自由に対して抑圧的で暴力的な結末にいたったのは，貧困問題の解決が目的となっていたからである．フランス革命を突き動かした衝動は，同情である．これは日常においては必要な感情だが，政治の場面では負の作用をもたらす．貧しい人々に対する同情はしだいに過剰なものとなり，最終的には怒りと暴力につながるからである．『人間の条件』のなかで，アレントは，活動によって実現される自由が，人間の生存の必要性とは切り離された言論空間において可能になると考えている．しかし，フランス革命では，貧困問題という人間の生存に直結した要素が，政治の領域に侵入した．アレントの考えでは，それこそ，フランス革命が失敗に終わった原因であった．

　これに対して，アメリカ独立革命の目的は，「自由の構成」「自由の創設」

（アレント 1995：240）にあった．独立革命の指導者たちが行ったのは，権力の制限ではなく，さらに大きな新たな権力の創設であった．フランス革命の指導者たちは，権力を抑制しようと考えていた．これに対して，アメリカ革命の指導者たちは，権力が「互恵主義」（reciprocity）と「相互性」（mutuality）を特徴とする，契約などによって成立するものであると理解し，それによって構成される政治共同体が「結社」（association）であると考えていた（アレント 1995：294-5）．そして，このような相互的な関係性は，ひとりひとりの人間の自由が確保されていてはじめて可能になる．

　アレントにとって，アメリカ独立革命は，古代以来のヨーロッパの政治において重視されてきた自由の再興を実現した革命であった．そのため，彼女は，アメリカ独立革命を，「復古の運動」「古い権利と自由を回復する運動」と評している（アレント 1995：221）．

　アレントの政治思想は，自由の政治思想である．それも個人的自由と政治的自由を究極にまで追求する政治思想である．19 世紀の前半以降，社会問題の顕在化に伴い，社会的自由を希求する動きが見られるようになる．しかし，アレントの考えでは，それは自由にとっての攪乱要因に他ならない．それにもかかわらず，政治は社会的自由への関与を強めていく．アレントは，そのような傾向に対して，極端なまでに社会的自由を無視し，個人的自由と政治的自由を擁護することによって，現代政治に自由を回復させることを試みるのである．

　アレントの政治思想は，ある部分ではきわめて時代錯誤的である．その他にも，アレントの文筆活動は時代の流れに抗うようなものが多く，彼女はたびたび批判された．具体的には，経済的問題に対する彼女の冷淡な態度は，マルクス主義者の批判を招いた．それにもかかわらず，アレントは自説を曲げることをしなかった．まさに，彼女自身が，その政治思想を体現するような存在だったのである．

補論　アメリカ独立革命期の政治思想

1.　アメリカ植民地の形成

　北アメリカでは，17世紀よりイギリスやフランスによる植民地開発が進められていた．1620年には，国教会制度からの独立をめざしていたイングランドのピューリタンたちがメイフラワー号で北アメリカに渡り，ニューイングランド植民地が形成された．その他にも，ヴァージニア植民地などが大西洋沿岸に建設された．

　北アメリカのイングランド系の植民地の特徴は，宗教的な性格が強いことである．マサチューセッツなどを含むニューイングランド植民地は，ピューリタンの影響が強かった．ペンシルヴェニアはキリスト教の一派であるクエーカーであったウィリアム・ペン（1644-1718）らの指導によって，信仰の自由を守るための地として植民地が開かれた．また，メリーランドは，北アメリカにおいてカトリック信仰の自由を守るために開拓された．

　これらの植民地では，基本的にイギリスの文化や習慣が継承されていた．しかし，植民者の多くがイギリスの王政の圧力から逃れてきた人々であったこともあり，政治に関してはデモクラシーや共和政に対する親近性が高かった．1619年にはヴァージニア植民地でまず植民地議会が開かれるなど，早くから人々の間には政治の主体としての市民という意識がめばえていた．

　イギリス本国は，このようなアメリカの植民地に対して抑圧的な政策をとっていた．北アメリカの支配権をめぐるフランスとの戦いにおいてイギリスが勝利すると，イギリスは財政赤字の解消を目論んでアメリカの植民地に対する課税を強化する．このような動きに対して，政治意識が高かった植民地

の人々は反発を強め，1765 年の印紙法に対しては「代表なくして課税なし」と主張し，1773 年の茶法に対してはボストン茶会事件を起こして抵抗した．

1774 年，イギリス本国に対する反発が高まるなかで，北アメリカのイングランド系の各植民地代表による大陸会議が開催され，植民地間の連携強化とイギリス製品の不買が決議された．

1775 年 4 月に発生したレキシントン・コンコードの戦いにより，アメリカ独立戦争が始まる．植民地側はジョージ・ワシントンを総司令官として戦い，当初は苦戦しながらも，イギリスの敵国であったフランスなどの支援も得て，しだいにイギリス軍を追い詰めていった．そのようななかで 1776 年 7 月 4 日に採択されたのが，アメリカ独立宣言であった．

アメリカ独立宣言は，第一に人間には神より与えられた生命・自由・幸福追求の不可侵の権利があること，第二にこの権利を確実なものにするために政府を樹立する権利があること，そして第三にそれらの目的を実現するためにイギリスの圧政から独立する必要があることを明確に宣言している．この宣言の背景には，アメリカの植民地の人々の間に浸透していた共和主義的な市民意識の他に，ロックの政治思想が存在した．

そして，戦況が悪化したイギリスは，アメリカとの間で 1783 年にパリ条約を結び，アメリカ合衆国の独立を認めるにいたった．

2. アメリカの人々の間で育まれた共和主義

アメリカ植民地の人々の意識のなかには，もともと強い自治意識や市民意識が存在していた．君主や貴族が存在せず，自由で平等な市民のみによって形成されていたアメリカの共同体は，共和政やデモクラシー以外のものは存在しようがなかった．人々のなかに存在していた素朴な共和主義は，イギリスに対する反発が強まっていた時期にさかんに発行されたパンフレットなどによって明確なものになっていった．

これらのパンフレットのなかでも代表的なものが，トマス・ペイン（1737-

1809）による『コモン・センス』であった．アメリカの植民地においては，独立戦争の直前であっても，イギリスの国制を自由な政治体制として理想視する人々が少なからず存在していた．これに対して，ペインは，イギリスの君主政と貴族の存在をきわめて厳しい言葉で批判する．彼は，イギリスの君主にはそもそも統治者としての資格はなく，そしてイギリスがアメリカを支配する理屈などは存在しないと強く主張した．

　さて，ペインの共和政に対する考え方は，西洋の伝統的な共和政観とは異なっていた．西洋では長い間，共和政は小国でしか成立することはできないと考えられてきた．しかし，彼は代議制というものを導入することによって，アメリカのような広大な国家においても共和政が成立可能であると説いた．ペインによれば，共和政は人々の政治参加を可能にするというだけでなく，社会の多様な人々の考えや利害を集約できるという利点を備えていた．ペインの考えは，イギリスからの独立をめざすアメリカの人々に対して，明確な将来の政治像を提供するものとなった．

　ペインのような政治思想家の活躍を経て，アメリカの人々の間には共和政の明確なイメージが醸成されることになり，それが独立革命を支える精神的支柱となっていく．

3.　フェデラリストとリパブリカン

　1783 年のパリ条約によって独立したアメリカ合衆国だが，その内実は 13 の州による緩やかな連合体に過ぎなかった．独立後のアメリカは，各州間での利害対立のほか，内乱もたびたび発生し，混乱状態にあった．このような事態に対応するために，各州の上位に存在する強力な連邦政府の樹立を求める声が高まってくる．しかし，この動きには抵抗も存在した．そもそも，アメリカ独立戦争はイギリスの支配からの自由のために戦ったものであるにもかかわらず，なぜその結果が強力な連邦政府の樹立ということになるのかという不満である．そのような声に対して，連邦政府樹立の有効性を主張し，

そのために必要な合衆国憲法を支持するために発行されたのが，アレクサンダー・ハミルトン（1755-1804），ジェームズ・マディソン（1751-1836），ジョン・ジェイ（1745-1829）の3名による『ザ・フェデラリスト』（1787-88年）であった．

『ザ・フェデラリスト』は，合衆国憲法への支持を訴えるために書かれた著作物のため，結果的に合衆国憲法の詳細な解説となっている．全85篇で構成されたこの著作が取り扱っている内容は，多岐にわたっている．

『ザ・フェデラリスト』の主張点の第一は，権力分立の主張である．権力分立論の原型はモンテスキューによって示されたが，彼の政治思想は中世以来の階級制度を継承したものであった．それに対して，『ザ・フェデラリスト』で主張された権力分立論は，純粋に制度論・機構論に基づくものであった．マディソンは，「人間が天使ででもあるというならば，政府などもとより必要としないであろう」（ハミルトン／ジェイ／マディソン 1998：254）と書いているが，『ザ・フェデラリスト』の著者たちは市民の人間性などに過度な期待をせずに，制度や機構をとおして自由な政治を確立しようとした．ここで危惧されているのは，立法部の専横である．多数者の意見が支配的になる共和政やデモクラシーにおいて警戒すべきなのは，社会の多数派の意向が直接的に反映される立法部である．これを防ぐためには，そのための制度・機構的な枠組みを連邦憲法に明記する必要がある．具体的には，多数派の意向に基づく下院に対して，各州の代表者によって構成される上院を対置させて，相互に抑制させる．これに加えて，執政部の長である大統領の権限を，立法部に対抗させる．さらに，高い独立性をそなえた司法部を設立し，終身制の裁判官を置いて，違憲立法審査権を行使させる．このように，議会・大統領・裁判所の三権の抑制と均衡を合衆国憲法で制度的・機構的に定めることによって，立法部の専横を防ぐことが構想された．

第二の主張点は，派閥（faction）の効用である．それまで派閥は，私的利益を追求する存在として警戒されてきた．しかし，派閥を完全に防止することは，自由の抑圧につながりかねない．そのため，派閥の存在を容認した上

で，その性格を適正化することによって，それがもたらす弊害を防止することが必要になると考えられた．『ザ・フェデラリスト』では，そのための方法として，連邦制が考えられている．広大な領域と共和主義的な政治体制によって，多様な派閥の存在を許容し，それらが抑制しあうことによって，全体としての調和と自由を確立することが可能であると主張されている．結果的に，派閥の存在は，合衆国全体の自由に必要な存在に転化する．

　『ザ・フェデラリスト』の主張は，共和政やデモクラシーに対する人々の考え方を一変させた．それまで，共和政は，直接民主政や領域の狭さ（小国であること），そして市民の高い徳性という要素と結びついていた．これに対して，『ザ・フェデラリスト』では，従来からの見解と対立するような間接民主政や連邦制を採用した広大な国家，そして市民の利害心を巧みに組み合わせることによって，自由な政治体制の確立をめざした．言論だけでなく，実際の政治上のフェデラリストたちの尽力もあり，合衆国憲法は各州の承認を得て，1788 年に発効する．

　しかし，フェデラリスト（連邦論者）たちの意見が，アメリカにおいて主流派になったわけではない．連邦政府の権力拡大を危険視し，植民地時代からのアメリカの独自性を主張したリパブリカン（州権論者）たちは，アメリカ合衆国成立後も多かった．第 3 代大統領にもなったトマス・ジェファソン（1743-1826）は，リパブリカンの代表的人物である．

　リパブリカンの政治思想的特徴は，独立自営の農民層を社会の基盤として，それらの人々による直接民主政的な共和政を主張する点にある．リパブリカンは，植民地時代以来のアメリカの政治的伝統を重視し，市民の徳を重んじた．フェデラリストが中央の連邦政府の指導による金融制度の整備と経済活動の発展を企図していたのに対して，リパブリカンの多くは経済活動には市民の徳を傷つける恐れがあると批判した．

　アメリカ合衆国成立からしばらくの期間，フェデラリストが優勢であったが，ジェファソンが大統領に就くと，その後はリパブリカン系の大統領が続く．しかし，彼らも既成事実化した連邦政府の存在をもはや否定することは

できず，アメリカ合衆国としての基礎が固められていく．

アメリカ合衆国は，ヨーロッパの政治的・思想的影響を受けながらも，社会環境などの違いから，ヨーロッパとは異なる政治風土と政治制度を打ち立てた．植民地時代から独立初期のアメリカには，独特の特徴が存在する．

第一に，信仰の自由を求めた初期の移民の宗教的信念は，政治に大きな影響を与えた．この傾向は，とりわけ，ニューイングランドにおいて強かった．第二に，開拓によって国土の拡大を進めていった経緯から，独立・自立を尊ぶ気風が存在した．この気風は，自助努力を尊重し，政府の介入を嫌う国民性の形成につながっていく．第三に，所有権に対する強いこだわりがあった．これは，自助努力の結果としての自らの成果物を守りたいという意識に由来する．そして，第四に，デモクラシーや共和政を当然視する政治風土である．植民地時代には，アメリカにも君主政を支持する人々がいた．しかし，君主や貴族がおらず，平等な立場の市民によって社会が運営されていたアメリカは，全体的な傾向としてデモクラシーや共和政が受容されやすい環境が存在した．

しかし，注意しなければならないことがある．それは，ここまでの経緯において，もともとアメリカに居住していたいわゆるネイティヴ・アメリカンの人々やアフリカから連行されてきた奴隷の人々が排除されていることである．つまり，ここまで描いてきたアメリカ独立史と政治思想は，ヨーロッパ系の人々によって展開されたものであった．ヨーロッパ系の人々が新たな社会を形成していった一方で，ネイティヴ・アメリカンの人々は迫害や強制移住を強いられ，アフリカ系の奴隷の人々はヨーロッパ系の人々の暮らしを支えるために過酷な労働を強いられた．アメリカ独立革命は，そのような問題のある側面をあわせ持っていたことを認識しておく必要がある．

おわりに

1. 自由の思想としての西洋政治思想

　ここまで，西洋政治思想の流れをたどってきた．それをとおして明確になったのは，西洋政治思想史が自由を追い求める歴史であったということである．

　古代ギリシアにおいて，自由を考える際に必要になるものは，公共性に対する配慮である．古代ギリシアの政治的伝統と，プラトンやアリストテレスの政治思想との間には違いは存在するが，政治における公共性を重視した点に変わりはない．古代ギリシアの政治思想においては，公共性という概念を持ち込むことによって，個人的自由と政治的自由の両立が可能になると考えられた．

　中世の政治思想の自由観の特徴は，それがカトリックの教義と信仰の範<ruby>疇<rt>ちゅう</rt></ruby>で理解されていることである．スコラ学の大成者であるトマス・アクィナスの政治思想はアリストテレスの思想をもとに構成されているが，それはあくまでもカトリックの教義のなかで展開されたものである．トマスの政治思想は神と教会の存在があってはじめて成り立つ政治思想であり，きわめて宗教色が強いものになっている．

　宗教改革は，宗教の個人化をもたらした．個人の信仰という意識は，個人的自由を重視する姿勢につながっていく．しかし，政治的自由に関するルターとカルヴァンの間の意識の差は大きい．ルターはその内省的な信仰から個人的自由は重視されることになるが，政治的自由に関する意識は希薄であり，また『聖書』の文言から既存的秩序に対しても従順であった．このようなル

ターに対して，カルヴァンは彼自身の意図は別にして，その教えは人々の政治的自由に対する意識を刺激した．この後の西ヨーロッパにおいて，カルヴァン派の信仰を持った人々が，政治とりわけ市民革命などの抵抗の場面において重要な役割を果たすことになる．

　古代ギリシア・ローマの再生が試みられたルネサンスでは，個人的自由と政治的自由の高次での融合がめざされた．そして，これらが融合したものが，「共和主義」（republicanism）として意識されるようになる．その共和主義を主張した代表的な思想家が，マキアヴェリである．権謀術数を説いた政治思想家というイメージの強いマキアヴェリだが，彼が求めた政治体制は個人的自由と政治的自由とが高度に結びついた共和主義的自由であった．

　そして登場するのが，社会契約説である．ホッブズは，自己保存（生存）を強烈なまでに追求した政治思想家であった．そのため，結果的に，ホッブズにおいて市民としての政治的自由は二の次となり，主権者に対して自己の権利を譲渡するという政治思想が導き出されることになる．ロックは，個人的自由を最低限の権利として確保しながら，立法部の権能によって市民の政治的自由を実現することをめざした政治思想家であった．ここで議会制民主主義という政治体制が理論化されることになる．ルソーは，個人と全体の一体化をとおして，個人的自由と政治的自由の融合をめざした．社会契約説は，論者によって内容にかなりの違いがあるが，共通点も存在する．何よりも，社会契約説は，政治が自由で平等な個人の人為・作為であることを明らかにした．このような見解は，個人の自由に関する明確な観念が確立されていない限り，成立することが困難な考え方である．

　市民革命後の政治思想は，もはや個人的自由と政治的自由が所与のものとなった状況下で考え出されたものである．現代にも通じるリベラル・デモクラシーの理論を提示した政治思想家が，トクヴィルである．彼は，自由と平等が対立するものではなく，自由と平等のそれぞれが最大化された状況において，個人的自由と政治的自由の融合は実現されると考えた．同様に，ミルもリベラル・デモクラシーの確立に貢献したが，彼の場合はそこにさらに社

会的自由に対する配慮が加わる．市民革命後の社会は急速な産業化のなかに
あり，そこには社会問題すなわち貧困問題の発生が付随していた．そのため，
この当時の思想家には，貧困への対処すなわち社会的自由への対応が求めら
れることになった．

　社会主義や共産主義は，社会的自由の実現をめざした思想だということが
できる．マルクスは，自らの社会主義思想が個人的自由・政治的自由・社会
的自由が高度に結びついたものであると考えていたはずである．しかし，そ
れは楽観的な自己評価であった．社会主義・共産主義理論の現実化に成功し
たレーニンであったが，彼が打ち立てた政治体制では結果的にあらゆる自由
が否定されることになる．

　全体主義は，個人的自由と政治的自由を犠牲にして，社会的自由をいびつ
な形で実現しようとした思想として理解することができる．トクヴィルが予
見したとおり，大衆デモクラシーにおいて，人々が求めるものはまずは経済
的安定の保障である．社会的自由の異常な形での追求が，個人的自由と政治
的自由を破壊したのである．

　全体主義を目の当たりにしたアレントは，全体主義に対する反省と批判か
ら，社会的自由を批判して，個人的自由と政治的自由を極端なまでに追求し
た．

　このように，西洋政治思想の基本的な流れは，個人的自由と政治的自由の
融合，換言すれば共和主義的な自由の追求にあった．産業化以降，求められ
るようになった社会的自由は，共和主義的な自由にとっての脅威として認識
された．では，社会的自由は，自由概念として不適切なのだろうか．

　個人的自由と政治的自由が融合した共和主義的自由が成立するためには，
一定の条件が必要となる．それは，そこに生きる市民が，政治に代表される
公的実践にある程度集中できる環境である．つまり，日々の暮らしに追われ
て，政治について考えるような余裕がない状態では，共和主義的な自由は実
現できないということである．共和主義的自由のモデルとなった古代ギリシ
アの社会は，奴隷制の上に成立していた．一部の市民の個人的自由と政治的

自由を実現するために，多くの人々が奴隷としてそれらの市民の生活を支え
ていた．それによって，一部の市民は安心して政治に集中することができた
わけである．しかし，平等が所与のものとなった現代において，そのような
階級制度を容認とすることはできない．つまり，社会の構成員全体が公的実
践に関与できる環境が存在しなければならない．それには，すべての人の社
会的自由が保障される必要がある．現代において，社会的自由は，個人的自
由と政治的自由の脅威になるどころか，個人的自由と政治的自由を成立させ
るための絶対条件として理解されなければならない．すべての人が等しく経
済的・社会的な安定を享受することが，現代政治において共和主義的自由を
実現するための条件なのである．そのため，もはや社会的自由は，共和主義
的自由にとっての脅威にはなりえない．

2. 自由の孤独と厳しさ

　自由というのは，人間が人間らしく生きるのに必要なものである．しかし，
本書の冒頭でも触れたように，自由は人間に対して厳しさを迫るものでもあ
る．自由意志の考え方に基づけば，自由な人間が自由に行動した結果に関し
て，その人間はその結果に対する責任をすべて負わなければいけないことに
なる．このような自由意志に対する考え方を支持した代表的な政治思想家が，
トクヴィルであった．
　トクヴィルは，自由を神聖視した．彼にとって，自由とは徳以外の何もの
でもなかった．彼の考えに基づけば，自由を享受して行使することには，多
大な苦難が伴うことになる．トクヴィルはいう．「この点はいくらいっても
いい過ぎではない．自由である術を知ることほど素晴らしいことはないが，
自由の修業ほどつらいこともまたない」（トクヴィル 2005: 第 1 巻下，127）．
トクヴィルは，人間が自由を追求することを，このように「修業」という言
葉で表現した．彼の考えによれば，自由であることは自動的に享受できる権
利などではなく，人間に対して自発的で主体的な取り組みを求める厳しさを

伴うものであった．

　トクヴィル的な自由意志に関する考えから導き出されるのは，いわゆる自
己責任論である．人間の現状は，過去のその人間の行為の結果である．その
ため，もししかるべき資質と能力を有している自由な人間であれば，自らの
なした行為の結果を甘受しなければならないことになる．また，それは同時
に，人間がきわめて孤独な存在であることを意味している．人間は常に単独
ですべての物事に関して判断し行動しなければならなくなり，失敗も含めて
その結果を自分ひとりで受け入れなければならない．

　西洋政治思想における自由は，そのような厳しい自由観が基調となってい
る．たとえば，社会契約説も，そのような孤独で厳しい自由を前提としてい
る．そこでは，単独でも存在することが可能な知的・精神的・肉体的能力を
そなえた人間であるからこそ，伝統や慣習に依拠することなく，政治共同体
を形成する能力があると認められているからである．

　しかし，実のところ，このような自由意志理解は，自由意志のある部分の
みを拡大的に解釈したものである．もともと，西洋の自由意志理解には，
「自律」だけでなく，「神律」（Theonomie）という要素が含まれていた．つ
まり，自由意志の適切な行使には，神の介在が必要であると考えられていた．
人間の自由意志の行使は，神による適切な導きを伴っていたのである．人間
は決して孤独ではなく，神という最大の後ろ盾があるからこそ自由に行為す
ることができるのである．ところが，近代思想の発展に伴い，神はしだいに
思想の領域，とりわけ自由に関する議論から姿を消していくことになる．と
りわけ，それに影響を与えたのはカントであった．カントの倫理思想や政治
思想は神の存在を必要としなかった．カントを経て，19世紀以降の倫理思
想において，神はほとんど要請されなくなり，政治思想においても政権の正
統性の根拠などのために神や宗教が求められることはほとんどなくなった．
その結果，確かに人間は自由になった．人間は，宗教や伝統などの束縛から
解放されたが，神の存在しない自由意志が残されたことによって，人間はす
べての責任を自身のみで引き受ける過酷な自由意志を単独で担わなければな

らなくなったのである．パウロは次のようにいう．「私は，自分の内には，
つまり私の肉には，善が住んでいないことを知っています．善をなそうとい
う意志はあっても，実際には行わないからです．私は自分の望む善は行わず，
望まない悪を行っています」（「ローマの信徒への手紙」第 7 章第 18-9 節）．
パウロは，そのような自分の限界を認識して，神への信仰を強めることによ
って，魂の救済を得ることができた．しかし，現代に生きる人間は，自由の
行使にあたって，何ものにも頼ることができないのである．

3. 自由主義の勝利とフェミニズムの登場

　自由というものが明確に理論化され，そして西洋政治思想における主流と
なったのは，19 世紀後半のことであった．いわゆる「自由主義」（liberal-
ism）の成立である．それ以降，自由はもっぱらその楽観的側面のみが強調
されるようになる．

　それに加えて，自由主義はしだいにデモクラシーと結びつけられるように
なり，リベラル・デモクラシー（自由民主主義）として一体的に論じられる
ようになる．そもそも，規範的概念であった自由に対して，デモクラシーは
政治体制の概念である．しかし，自由とデモクラシーが並列された上に，一
体化されて概念化されたことで，自由もまた政治体制化していくことになる．

　20 世紀以降，リベラル・デモクラシーは，多くの国々で採用される．一
時的に全体主義体制が席巻したこともあったが，リベラル・デモクラシー国
家は社会主義・共産主義国家と世界を二分し，20 世紀後半には政治体制と
してのリベラル・デモクラシー国家は社会主義・共産主義国家に勝利する．
20 世紀は自由にとっての最盛期ということもできるが，同時に自由主義が
多様化していった時代でもあった．トクヴィルが主張していたような厳密な
自由主義のほかに，国家が積極的に介入することによって社会的自由を実現
しようとする考え方もまた自由主義と呼ばれた．これらのそれぞれの自由主
義が，自らの自由主義の正統性と有効性を主張して，他の自由主義を批判す

るという様子が見られた.

　さらに,20世紀の半ば,自由主義に関する議論に大きな影響を与えたものがある.それは,フェミニズムである.現代のフェミニズムは基本的に自由主義の議論のなかから生まれたものであるが,それにもかかわらずフェミニズムは自由主義を根底から批判した.フェミニズムは,自由主義に代表される近代政治思想が,男性による女性の支配構造の上に成り立っていると批判した.もちろん,この批判は自由の概念自体にも向けられており,西洋政治思想が前提としてきた自由概念が,男性をモデルとした市民像を前提としていることに反省と再検討を求めた.

　とりわけ,フェミニズムのなかでも「ケアの倫理」に関する議論は,男性をモデルとした自立的・自律的市民という市民像が政治思想の前提とされていることを問題視している.ケアの倫理は,近代政治思想において自立的・自律的市民というイメージが前提とされることによって,女性やさまざまな障がいとともに生きている人々,マイノリティとして分類されている人々らが政治的な意志決定の場から排除されてきたことを批判している.

　このように,フェミニズムは,近代政治思想やそこで重視されてきた自由の概念に対する批判理論としての性格を有している.しかし,そのフェミニズム自体も自由主義の議論のなかから生まれてきたものであり,自由主義自体を完全否定しているわけではない.フェミニズムは,自由主義を根本的に再検討し,より公正な自由概念の構想をめざしていると理解するべきであろう.

4. 新たな自由へ

　すでに記したとおり,西洋政治思想史は,自由の思想の歴史であった.しかし,各時代において,各政治思想家において,その自由の意味するものは異なっていた.本書では,西洋政治思想史に登場した自由の概念を,個人的自由・政治的自由・社会的自由という概念をもとに考察してきた.西洋政治

思想史において，自由は決して一義的なものではないのである．そして，自由の意味するものは，これからも変化していくことであろう．

　西洋政治思想史のテキストなどで取り上げられる政治思想家の大多数は男性である（本書もその例に漏れず，女性の政治思想家について十分に取り上げることはできなかった．これは，著者の力量不足によるものである）．また，これらの政治思想家のなかには，女性に対して侮蔑的な見解を持っていた思想家もいる．フェミニズムの批判によって，政治思想研究は見直しを求められるようになっている．

　また，西洋政治思想研究においても，今後は非西洋的な価値観に対して関心を向ける必要がある．現在，ヨーロッパやアメリカにおいては多文化化が進んでおり，イスラーム圏をはじめとする非西洋圏出身者や非西洋圏をルーツとする人々が増加している．これらの人々が存在感を増していくことによって，西洋の政治思想も変化を求められるようになるだろう．

　これらの変化は，自由にとって脅威なのだろうか．もし自由を固定的な概念だと考えるのであれば，これらの変化は自由にとっての脅威であろう．しかし，本書で見てきたように，自由は時代の変化に寄り添うように，積極的にその意味するところを変えてきた．西洋政治思想が育ててきた個人的自由と政治的自由が融合した共和主義的自由とそれを支える社会的自由の価値は，損なわれることはないであろう．政治思想に関する新たな試みは，それにとって脅威となる変化というよりも，より豊かな自由概念が生み出されるためのプロセスである．西洋政治思想の歴史は，自由を追い求める歴史であると同時に，自由の豊饒化の歴史なのである．

文献資料

　政治思想史研究の基本は，古典を読み，そしてその内容を吟味し，それについて考えることである．たしかに，政治思想史上の古典を読み解くことは難しい．しかし，古典は，人類の知的営為によってこの世にもたらされた至宝である．読み慣れない文章も，繰り返し，ていねいに読み返すことによって，必ず何かを得ることができるはずである．

　ここでは，本文中に引用した古典の文章のうち，関係者に許諾をいただくことができたものを，まとまった形で紹介したい．ここで紹介されている文章から何か感じることがあれば，ぜひ引用元になっている著作を実際に手に取り，古典の世界に挑戦してもらいたい．

　なお，原典（翻訳）の利用にあたっては，訳者ならびに著作権継承者，出版元のご理解とご協力をいただいた．この場を借りて，心からの感謝を申し上げたい．

　また，本資料の作成にあたっては，福森憲一郎先生に多大なご協力をいただいた．この場にて御礼申し上げる．

【プラトン】

「『それでは』とぼくは言った，『彼らはいったい，どのような生き方をするのだろうか？また他方，この民主制国家のあり方とは，いかなるものであろうか？というのは，このような人間は結局，その民主制の性格をそのままもっているとわかるだろうことは，明らかだからね』

『それは明らかです』と彼．

『ではまず第一に，この人々は自由であり，またこの国家には自由が支配していて，何でも話せる言論の自由が行き渡っているとともに，そこでは何でも思いどおりのことを行うことが放任されているのではないのかね？」」藤沢令夫訳『国家』（下）（岩波文庫，2008 年）226-7 ページ．

「『というのは，過度の自由は，個人においても国家においても，ただ過度の隷属状態へと変化する以外に途はないもののようだからね』

『たしかにそれは，当然考えられることです』

『それならまた，当然考えられることは』とぼくは言った，『僭主独裁制が成立するのは，民主制以外の他のどのような国制からでもないということだ．すなわち，思うに，最高度の自由からは，最も野蛮な最高度の隷属が生まれてくるのだ』

『たしかにそれは，もっともな成り行きです』と彼は言った．

『だが察するに，君がたずねたのはそのことではあるまい』とぼくは言った，『むしろ，寡頭制のなかに生じたのと同じ病いが民主制のなかにも発生して，この国制を隷属化させるというのは，どのような病いのことか，ということだろう』

『おっしゃるとおりです』と彼は言った.」藤沢令夫訳『国家』（下）（岩波文庫，2008 年）247 ページ.

【アリストテレス】

「かくして，知慮とは『人間的な諸般の善に関しての，ことわりがあってその真の失わない実践可能な状態（ヘクシス）』であることは必然である．だが技術についての卓越性（アレテー）は存在するが，知慮についての卓越性（アレテー）なるものは存在しないのであるし，のみならず，技術にあってはみずからすすんで過つのはそうでなくして過つよりもむしろいいことであるのに対して，知慮の場合にあっては，もろもろの徳の場合におけると同じく，そのほうがかえってよくないのである．かくして明らかに，知慮はそれ自身一つの卓越性ないしは徳（アレテー）にほかならず，だが技術の場合はこれと異なる.」高田三郎訳『ニコマコス倫理学』（上）（岩波文庫，2009 年）293-4 ページ.

「いかなる技術，いかなる研究も，同じくまた，いかなる実践や選択も，ことごとく何らかの善（agathon）」を希求していると考えられる.」高田三郎訳『ニコマコス倫理学』（上）（岩波文庫，2009 年）17 ページ.

「だが，人間の機能は，『ことわり』に即しての，ないしは『ことわり』を欠いていないところの，魂（プシュケー）の活動であるとするならば，そうしてまた，これこれのものの機能とすぐれたこれこれのものの機能とは同類の機能であるということを認めるならば――たとえば琴弾きの機能は優れた琴弾きの機能に同じく，その他いかなる場合について見てもまったくこれと同様であり，ただ，性能の優秀ということが後者の機能には付加されるのであって，すなわち，琴弾きの機能は琴を弾ずるにあり，すぐれた琴弾きのそれはよく弾ずるにある――．もし以上のごとくで

あるとするならば，〔人間の機能は或る性質の生，すなわち，魂の『ことわり』を
具えた活動とか働きとかにほかならず，すぐれた人間の機能は，かかる活動とか
働きとかをうるわしく行うということに存するのであって，すべていかなること
がらもかかる固有の卓越性(アレテー)に基づいて遂行されるときによく達成されるのである．
もしかくのごとくであるとするならば，〕「人間というものの善」とは，人間の
卓越性(アレテー)に即しての，またもしその卓越性がいくつかある時は最も善き最も究極的
な魂の活動であることとなる．」高田三郎訳『ニコマコス倫理学』（上）（岩波文庫，
2009 年）40-1 ページ．

「かくして卓越性(アレテー)（徳）には二通りが区別され，「知性的卓越性」「知性的徳」（デ
ィアノエーティケー・アレテー）と，「倫理的卓越性」「倫理的徳」（エーティケ
ー・アレテー）とがすなわちそれであるが，知性的卓越性はその発生をも成長を
も大部分教示に負うものであり，まさしくこのゆえに経験と歳月とを要するので
ある．これに対して，倫理的卓越は習慣づけに基づいて生ずる．「習慣」「習慣づ
け」（エトス）という言葉から少しく転化した倫理的(・・・)（エーティケー＝エートス
的）という名称を得ている所以である．」高田三郎訳『ニコマコス倫理学』（上）
（岩波文庫，2009 年）69 ページ．

「そこでこれらのことから明らかになるのは，国が自然にあるものの一つであると
いうこと，また人間は自然的に国〔本書著者注：ポリス〕的動物であるというこ
と，また偶然によってではなく，自然によって国をなさぬものは劣悪な人間であ
るか，或は人間より優れた者であるかのいずれかであるということである，前者
はホメロスによって，
『部族もなく，法もなく，炉もなき者』
と非難された人間のようなものである．何故なら自然によってこのような者は，
とりもなおさずまた戦を好む者であるから，というのはこのような者はちょうど
碁の孤立した石のように孤独なものだからである．」山本光雄訳『政治学』（岩波
文庫，1961 年）35 ページ．

「だから，国の目的は善く生きることであるが，以上の団体はこの目的のためにあ
るのである．して国とは氏族(ゲノス)や村落の完全で自足的な生活(コーメー)における共同である，
そしてかかる生活は，われわれの主張するように，幸福にそして立派に生きるこ
とである．従って国的共同体は，共に生きることの為ではなく，立派な行為のた

めにあるとしなければならない．それゆえ，かかる共同体に最も多く貢献すると
ころの者〔国民の善き行為に最も貢献するところの多い者〕が，自由や生れの点
では等しいか或はより多くであるけれど，しかし国民としての徳の点では不等な
者よりも，或は富の点では優っているけれど，しかし徳の点では劣っている者よ
りも，一そう多く国に与かるのである．」山本光雄訳『政治学』（岩波文庫，1961
年）145 ページ．

「さて，これらの問題のうち他のものについてはまた他の機会に論ずることにしよ
う．しかし大衆の方が，非常に優れてはいるけれど少数である者たちよりむしろ
主権者でなくてはならないという問題はここで弁護されることが出来，いくらか
困難をもってはいるが，しかし恐らくまた真実をももっていると思われるであろ
う．すなわち，多数は，そのひとりひとりとしてみれば大した人間ではないが，
それでも一緒に寄り集まれば，ひとりひとりとしてではなく，寄り集まったもの
としては，かの人々〔本書著者注：寡頭制などの支配者〕より優れた者でありえ
るのだ，例えば，それは皆で持ち寄られた食事がただ一人の人の費用で賄われた
ものに優っているようなものだ．」山本光雄訳『政治学』（岩波文庫，1961 年）147-
8 ページ．

【トマス・アクィナス】

「アタナシウスの信経のうちには，『御父のペルソナと，御子のペルソナと，聖霊
のペルソナとはそれぞれ別のものである』と述べられている．
　以上に答えて，私はこういうべきだとする．
『ペルソナ』とは，全自然におけるもっとも完全なもの，すなわち，『理性的本性
において自存するところのもの』 subsistens in rationali natura を表示している．
だからして，およそ完全性にかかわることがらはすべて神に帰属せしめらるべき
である以上（けだし神の本質はそれ自らのうちにあらゆる完全性を含むものなる
がゆえに），当然，『ペルソナ』という名称も，神について適切に語られるのであ
る．ただしそれは，被造物についての場合と同じ仕方で語られるわけではなく，
却って，より卓越した仕方において excellentiori modo なのであって，その点，
まさに，我々が被造物に附与した他の諸々の名称を神に帰属せしめる場合と同様
であり，これは，さきに神の名称について論じた際に述べられたごとくである．」
高田三郎他訳『神学大全』（第 3 巻）（創文社，1961 年）52 ページ．

「ところで，人間一人ひとりには理性の光が自然本性的に賦与されており，かれの
さまざまな行為は，その光に照らされて目的へと導かれる．したがって，もし単
独で生活することが，多くの動物の生態と同じように，人間に好都合であったな
らば，自分を目的へと導いてくれる誰か導き手を必要とすることはなく，神から
授けられた理性の光によって自分の行為を導いていく限りにおいて，おのおのの
人間は，最高の王である神の下に，自分自身が王ということであったであろう．
しかし，人間は，他のすべての動物にもまして，自然本性上，集団のなかで生活
する社会的および政治的動物〔本書著者注：animal sociale et politicum〕である
ことは明らかである．」柴田平三郎訳『君主の統治について　謹んでキプロス王に
捧げる』（慶應義塾大学出版会，2005 年）12 ページ．

「ひとりの王による支配が最善であるように，ひとりの僭主による支配は最悪である．
　ところで，ポリティア（政体）と対立するのは民主制である．いずれも，上述
したところから明らかなように，多数の人びとによってなされる支配だからであ
る．同様に貴族制は寡頭制と対立する．いずれも，少数者による支配だからであ
る．これに反して，王制は僭主制と対立する．いずれも，一人の人間による支配
だからである．さて，既に明らかにされたように，王制が最善の支配形態である．
そこで，もし最善のものが最悪のものと対立するのならば，当然のことに僭主制
は最悪の支配ということになる．」柴田平三郎訳『君主の統治について　謹んでキ
プロス王に捧げる』（慶應義塾大学出版会，2005 年）22-3 ページ．

「こうして，ある目的へと定められた若干の事柄においては，その指導が正しかっ
たり，間違っていたりすることがある．そこでまた，民衆の支配の場合も，正し
い支配と不正な支配とが存在するのである．正しく支配される場合には，当を得
た目的へと導かれているのに対して，正しからざる支配の場合には，不適当な目
的へと導かれているのである．そこで，自由人の集団に適う目的は奴隷の集団に
適う目的とは異なっている．なぜなら自由人は自分自身のために存在する者であ
るが，奴隷は他者のために存在する者だからである．それゆえ，もし自由人の集
団が支配者によって集団の共通善に向かって統制されるならば，その支配は正し
く，自由人にふさわしいものであろう．これに対して，もし支配が集団の共通善
にではなく，支配者の私的な善に向かうものであるならば，それは不正な，逸脱
したものであろう．それゆえ，主はそうした支配者を脅して，エゼキエルの口を
借りてこう言われたのである．『災いだ，自分自身を養うイスラエルの牧者たちは．

牧者は群れを養うべきではないか』（「エゼキエル書」三四：二）．実際，牧者は群れの善のために世話しなければならないのであり，支配者はかれに服従する集団の善のために支配するのである．」柴田平三郎訳『君主の統治について　謹んでキプロス王に捧げる』（慶應義塾大学出版会，2005 年）16 ページ．

【ルター】

「この点から容易に認識されることは，どうして信仰はかくも多くをなしえられるのか，そして他のどんな善行もこれと比較されることができないのかという理由である．なぜならどんな善行も，信仰のように神的な言に頼っていることはないし，またたましいのうちにあることもできないので，ただ神の言と信仰とのみがたましいのうちに支配するからである．あたかも鉄が火に投げ込まれ焔と一つになって焔のように赤熱するのと同じように，たましいも言の有するものを言から受けとる．そこでキリスト者は信仰だけで十分であり，義とされるのにいかなる行いをも要しないということが明らかにされる．かくて彼がいかなる行いをももはや必要しないとすれば，たしかに彼はすべての誡めと律法とから解き放たれているし，解き放たれているとすれば，たしかに彼は自由なのである．これがキリスト教的な自由であり，『信仰のみ』なのである．それはなすことなしになまけ怠たり気儘勝手に振舞ってよりというのではなく，われわれが義と祝福とに達するのに何の行いをも必要としないとの結論に導くものなのである．」石原謙訳『新訳キリスト者の自由・聖書への序言』（岩波文庫，1955 年）21 ページ．

【マキアヴェリ】

「ここでもう一つの議論が生まれる．恐れられるのと愛されるのと，さてどちらがよいか，である．だれしもが，両方をかねそなえているのが望ましいと答えよう．だが，二つをあわせもつのは，いたってむずかしい．そこで，どちらか一つを捨ててやっていくとすれば，愛されるより恐れられるほうが，はるかに安全である．というのは，一般に人間についてこういえるからである．そもそも人間は，恩知らずで，むら気で，猫かぶりの偽善者で，身の危険をふりはらおうとし，欲得には目がないものだと．」池田廉訳『新訳　君主論』（中公文庫，2002 年）98 ページ．

「そこで君主は，野獣の気性を，適切に学ぶ必要があるのだが，この場合，野獣のなかでも，狐とライオンに学ぶようにしなければならない．理由は，ライオンは策略の罠から身を守れないし，狐は狼から身を守れないからである．罠を見抜く

という意味では，狐でなくてはならないし，狼どものどぎもを抜くという面では，ライオンでなければならない．といっても，ただライオンにあぐらをかくような連中は，この道理がよくわかっていない．」池田廉訳『新訳 君主論』（中公文庫，2002年）102-3ページ．

「さて，前述の二つの方法，力量によって君主になるか，それとも運によって君主になるかをめぐって，最近のわたしたちの記憶に生々しい，二つの実例を引用しておきたい．フランチェスコ・スフォルツァとチェーザレ・ボルジアの両人である．

　フランチェスコのほうは，適切な手段と，彼自身のみごとな力量によって一私人からミラノ公になった．したがって，彼は手に入れるには幾多の苦難を乗りこえたが，維持するうえで取りたてて苦労をしなかった．いっぽう，世間でヴァレンティーノ公と呼ばれるチェーザレ・ボルジアは，父親の運に恵まれて国を獲得し，またその運に見放されて国を失った．ただし，ボルジアは，思慮があり手腕のある男としてとるべき策をことごとく使って，自ら力の限りを尽くした．すなわち，他人の武力と運に恵まれて，ころがりこんだ領土にあって，自分の根をおろすために，やるべきことをやりつくした．」池田廉訳『新訳 君主論』（中公文庫，2002年）41-2ページ．

「つまるところ，このテーマの結論としては，次のように言えるだろう．すなわち，君主政体にしろ，共和政体にしろ，それが長期にわたって存続するためには，いずれもが法律によって秩序づけられていなければならない，ということだ．というのは，自分の意のおもむくままにやってのける君主は，暗愚の君と言わなければならないし，一方，自分たちの意のおもむくまま事を起こす人民は，どう見ても馬鹿者の集まりとしか言えないからである．

　仮に，法律によってその行動に規制を加えられる君主と，法律によって拘束される人民とを比べてみるなら，君主よりはむしろ人民のなかに，偉大な 徳 を発揮できる能力がそなわっているのではないか，と考えられる．

　また，どちらも思いのまま勝手な振舞いが許される君主と人民の場合を想定すると，君主よりは人民の側に失敗を犯すことが少ないように思われる．しかも，人民の犯す誤りなどささいなものだから，その傷をいやすこともいとたやすいことだ，と考えられる．つまり，勝手気ままな衝動にかられて乱に及んだ人民に対しては，良識を備えた人物がこれに十分な説得を与えれば，簡単に元通りの正し

い軌道の上に引き戻すことができる．ところが，でたらめな君主に対しては，言ってきかせてやれる者など誰一人いない．〔どうしても事態を収拾しなければならないのなら〕この暴君を誅殺する以外には方法はない．以上のことから，君主と人民とが病に侵された場合の，それぞれの平等の深さはおしはかることができる．つまり，人民の病状を回復させるには説得だけで十分だ．他方，君主の場合は，実力をもってこれを阻止しなければならない．その陥った誤りが深ければ深いほど，それだけその大がかりな救済策が必要となってくるのは，誰の目から見ても明らかであろう．」永井三明訳『ディスコルシ 『ローマ史』論』（ちくま学芸文庫，2011 年）257-9 ページ．

「事実，ペイシストラトスの僭主政治の束縛を打破したアテナイが，その後の百年間のうちに全盛期を迎えたのも，まことに驚嘆すべきことである．けれどもそれにもまして，その国王の絆から脱したローマが，あの大帝国へと成長をとげていったことを考えれば，賞嘆のあまり言うべき言葉を知らないほどである．

　その理由はいとも簡単に理解できる．つまり個人の利益を追求するのではなく，公共の福祉に貢献することこそ国家に発展をもたらすものだからである．しかも，このような公共の福祉が守られるのは，共和国をさしおいては，どこにもありえないことは確かである．つまり共和国にとって利益になることなら，なんでも実行されるからだ．したがって，なにがしか一握りの個人が，その政策遂行で迷惑をこうむるようなことがあっても，それによって利益を受ける人びとが多ければ，損害を受ける少数の人びとの反対を押し切っても，これを実行に移すことができるのである．」永井三明訳『ディスコルシ 『ローマ史』論』（ちくま学芸文庫，2011 年）283 ページ．

【モンテスキュー】

「法律とは，その最も広い意味では，事物の本性に由来する必然的な諸関係である．そして，この意味では，ありとあらゆる存在はその法律をもっている．神はその法律をもち，物質的世界はその法律をもち，人間より上位の叡知的存在はその法律をもち，動物はその法律をもち，人間はその法律をもつ．」野田良之・稲本洋之助・上原行雄・田中治男・三辺博之・横田地弘訳『法の精神』（上）（岩波文庫，1989 年）39 ページ．

「したがって，貴族の家柄はできるだけ人民に近い必要がある．貴族政が民主政に

近づけば近づくほど，それは完全になるであろう．そして貴族政が君主政に近づくにつれて，それはより不完全になるであろう．

　あらゆる貴族政のうち最も不完全なものは，人民の中の服従する部分が支配する部分の私的奴隷の状態にあるような貴族政，たとえば，農民が貴族身分の奴隷であるポーランドの貴族政のごときものである．」野田良之・稲本洋之助・上原行雄・田中治男・三辺博之・横田地弘訳『法の精神』（上）（岩波文庫，1989 年）63 ページ．

「中間的，従属的そして依存的な諸権力が君主政体，すなわち，基本的諸法律によって一人が支配する政体の本性を構成する．私は，中間的，従属的そして依存的な諸権力と言った．事実，君主政では，君公が国制的および公民的なすべての権力の源泉なのである．これら基本的な諸法律は，権力がそこを通って流れるための中間の水路を必然的に想定する．なぜなら，もし国家の中に一人の一時的で気紛れな意思しか存在しないならば，ないものも確定的ではありえず，したがっていかなる基本的な法律もありえないからである．

　最も自然な従属的中間権力は，貴族の権力である．貴族はどういう態様においてであれ君主政の本質の中に含まれるのであり，その基本的格率は次のごとくである．君主なくして貴族なく，貴族なくして君主なし．もっとも，世には専制君主というものはある．」野田良之・稲本洋之助・上原行雄・田中治男・三辺博之・横田地弘訳『法の精神』（上）（岩波文庫，1989 年）64-5 ページ．

「共和国においては徳が必要であり，君主国においては名誉が必要であるように，専制政体においては『恐怖』が必要である．徳について言えば，それはここでは全く必要ではなく，名誉はここでは危険なものとなろう．

　ここでは，君公の無制限な権力はすべて彼がそれを委ねる人々に移る．こうしたところでは，自分みずからを大いに評価できる人々は，革命を起こそうとすれば起こしうる状態にあるであろう．だからこそ，恐怖がすべての勇気を打ちくじき，ごくわずかの野心の気持ちまでも消滅させてしまわなければならないのである．」野田良之・稲本洋之助・上原行雄・田中治男・三辺博之・横田地弘訳『法の精神』（上）（岩波文庫，1989 年）82 ページ．

「同一の人間あるいは同一の役職者団体において立法権力と執行権力が結合される時，自由はまったく存在しない．なぜなら，同一の君主または同一の元老院が暴

君的な法律を作り，暴君的にそれを執行する恐れがありうるからである．

　裁判権力が立法権力や執行権力と分離されていなければ，自由はやはり存在しない．もしこの権力が立法権力と結合されれば，公民の生命と自由に関する権力は恣意的となろう．なぜなら，裁判役が立法者となるからである．もし，この権力が執行権力と結合されれば，裁判役は圧制者の力をもちうるであろう．

　もしも同一の人間，または，貴族もしくは人民の有力者の同一の団体が，これら三つの権力，すなわち，法律を作る権力，公的な決定を執行する権力，犯罪や個人間の紛争を裁判する権力を行使するならば，すべては失われるであろう．」野田良之・稲本洋之助・上原行雄・田中治男・三辺博之・横田地弘訳『法の精神』（上）（岩波文庫，1989 年）291 ページ．

「公民における政治的自由とは，各人が自己の安全について持つ確信から生ずる精神の静穏である．そして，この自由を得るためには，公民が他の公民を恐れることのありえないような政体にしなければならない．」野田良之・稲本洋之助・上原行雄・田中治男・三辺博之・横田地弘訳『法の精神』（上）（岩波文庫，1989 年）291 ページ．

「すべての公民は，さまざまな地区において，代表を選ぶために投票する権利をもつべきである．ただし，自分自身の意思をもたないとみなされるほど低い身分にある者は除かれる．

　古代の諸共和国の大多数には，一つの大きな欠陥があった．それは，何らかの執行を要求する能動的な決議を行う権利を人民がもっていたことである．これは人民には全く不可能である．人民はその代表者たちを選ぶためにのみ統治に参加すべきである．これは人民の力のよく及ぶところである．なぜなら，人間の能力の正確な程度を知る人は少ないにしても，一般に各人は，自分の選ぶ者が他の大多数の者より識見があるかどうかを知ることはできないからである．」野田良之・稲本洋之助・上原行雄・田中治男・三辺博之・横田地弘訳『法の精神』（上）（岩波文庫，1989 年）296-7 ページ．

【ホッブズ】

「《人びとは生れながら平等である》自然は人々を，心身の諸能力において平等につくったのであり，その程度は，ある人が他の人よりも肉体において明らかに強いとか，精神の動きがはやいとかいうことが，ときどきみられるにしても，すべ

てをいっしょにして考えれば，人と人とのちがいは，ある人がそのちがいにもとづいて，他人がかれと同様には主張してはならないような便益を，主張できるほど顕著なものではない，というほどなのである．すなわち，肉体のつよさについていえば，もっとも弱いものでも，ひそかなたくらみにより，あるいはかれ自身とおなじ危険にさらされている他の人びととの共謀によって，もっとも強いものをころすだけの，つよさをもつのである．」水田洋訳『リヴァイアサン』（第1巻）（岩波文庫，1992年）207ページ．

「それであるからわれわれは，人間の本性のなかに，三つの主要な，あらそいの原因を見いだす．第一は競争，第二は不信，第三は誇りである．

　第一は，人びとに，利得をもとめて侵入をおこなわせ，第二は安全をもとめて，第三は評判をもとめて，そうさせる．第一は自分たちを他の人びとの人格，妻子，家畜の支配者とするために，暴力を使用し，第二は自分たちを防衛するために，第三は，一語一笑，ちがった意見，その他すべての過小評価のしるしのような，些細のことのために，それらが直接にかれらの人格にむけられたか，間接にわれわれの親戚，友人，国民，職業，名称にむけられたかをとわず，暴力を使用する．

　《諸政治国家のそとには，各人の各人に対する戦争が常に存在する》これによってあきらかなのは，人びとが，彼らすべてを威圧しておく共通の権力なしに，生活している時には，彼らは闘争と呼ばれる状態にあり，そういう闘争は，各人の各人に対する戦争〔本書著者注：万人の万人に対する闘争〕である，ということである．すなわち，戦争は，たんに戦闘あるいは闘争行為にあるのではなく，戦闘によってあらそおうという意志が十分に知られている一連の時間にある．だから，戦争の本性においては，天候の本性においてとおなじく，時間の概念が考慮されるべきである．というのは，不良な天候の本性が，ひと降りかふた降りの雨にあるのではなく，おおくの日をいっしょにしたそれへの傾向にあるのと同時に，戦争の本性も，じっさいの闘争にあるのではなく，その反対にむかうなんの保証もないときの全体における，闘争へのあきらかな志向にあるのだからである．そのほかのすべての時は，平和である．」水田洋訳『リヴァイアサン』（第1巻）（岩波文庫，1992年）210-1ページ．

「《そのような戦争の諸不便》したがって，各人が各人の敵である戦争の時代の，帰結として生じることが，どんなことであっても，それと同一のことが，人びとが自分自身のつよさと自分自身の工夫とが与えるもののほかには，なんの保証も

なしに生きている時代の，帰結としても生じる．そのような状態においては，勤労のための余地はない．なぜなら，勤労の果実が確実ではないからであって，したがって土地の耕作はない．航海も，海路で輸入される諸財貨の使用もなく，便利な建築もなく，移動の道具およびおおくの力を必要とするものを動かす道具もなく，地表についての知識もなく，時間の計算もなく，学芸もなく文字もなく社会もなく，そしてもっともわるいことに，継続的な恐怖と暴力による死の危険があり，それで人間の生活は，孤独で貧しく，つらく残忍でみじかい.」水田洋訳『リヴァイアサン』（第1巻）（岩波文庫，1992年）211ページ.

「《自然の権利とは何か》著作者たちがふつうに自然権 *Jus Naturale* とよび自然の権利 RIGHT OF NATURE とは，各人が，彼自身の自然すなわち彼自身の生命を維持するために，彼自身の意志するとおりに，彼自身の力を使用することについて，各人が持っている自由であり，したがって，彼自身の判断力と理性において，彼がそれに対する最適の手段と考えるであろうような，どんなことでもおこなう自由である．

《自由とは何か》自由とは，このことばの固有の意味によれば，外的障碍が存在しないことだと理解される．この障碍は，しばしば，人間がかれのしたいことをする力の，一部をとりさるかもしれないが，かれが自分にのこされた力を，かれの判断力と理性がかれに指示するであろうように，使用するのをさまたげることはできない．

《自然の法とは何か》自然の法 LAW OF NATURE （自然法 *Lex Naturalis*）とは，理性によって発見された戒律すなわち一般法則であって，それによって人は，かれの生命にとって破壊的であること，あるいはそれを維持する手段を除去するようなことを，おこなうのを禁じられ，また，それをもっともよく維持しうるとかれが考えることを，回避するのを禁じられる．すなわち，この主題についてかたる人びとは，権利と法 *Jus and Lex, Right and Law* を混同するのがつねであるが，しかし，両者は区別されなければならない．《権利と法のちがい》なぜならば，権利は，おこなったりさしひかえたりすることの自由に存し，それに対して法は，それらのうちのどちらかに，決定し拘束するのであって，したがって法と権利は，義務 Obligation と自由がちがうようにちがい，同一のことがらについては両立しないのだからである.」水田洋訳『リヴァイアサン』（第1巻）（岩波文庫，1992年）216-7ページ.

「《基本的自然法》そして，したがって，『各人は，平和を獲得する希望があるかぎり，それにむかって努力すべきであり，そして，かれがそれを獲得できないときには，かれは戦争のあらゆる援助と利点を，もとめかつ利用していい』というのが，理性の戒律すなわち一般法則である．この規律の最初の部分の内容は，第一のかつ基本的な自然法であり，それは，『平和を求め，それにしたがえ』ということである．第二の部分は，自然権の要約であって，それは『われわれがなしうるすべての手段によって，われわれ自身を防衛する』権利である．」水田洋訳『リヴァイアサン』（第 1 巻）（岩波文庫，1992 年）217 ページ．

「《第二の自然法》人びとに平和への努力を命じるこの基本的自然法から，ひきだされるのは，つぎの第二の法である．『人は，平和と自己防衛のためにかれが必要だとおもうかぎり，他の人びともまたそうであるばあいには，すべてのものに対するこの権利を，すすんですてるべきであり，他の人びとに対しては，彼らが彼自身に対してもつことを彼がゆるすであろうのと同じ大きさの，自由をもつことで満足すべきである．』というのは，各人が，なんでも自分のこのむことをするというこの権利を保持するかぎり，そのあいだすべての人びとは，戦争状態にあるのだからである．しかし，もし他の人びとがかれらの権利を，かれとおなじように放棄しようとはしないならば，そのときはだれにとっても，自分の権利をすてるべき理由がない．なぜなら，それはかれ自身を平和にむかわせるよりも，むしろ餌食としてさらすようなもの（だれもそうするように拘束されてはいない）だからである．これは，『他人が自分に対してしてくれるように，あなたがもとめるすべてのことを，あなたが他人に対しておこなえ』という，あの福音の法である．そして，『あなたに対してなされるのを欲しないことを，他人に対してしてはならない *Quod tibi fieri non vis, alteri ne feceris* という，あのすべての人間の法である．』水田洋訳『リヴァイアサン』（第 1 巻）（岩波文庫，1992 年）218 ページ．

「《第三の自然法，正義》保留されていると人間の平和をさまたげるような諸権利を，第三者に譲渡すべきことを，われわれに義務づけるあの自然法から，第三のものがでてくる．それは，『人びとは，むすばれた信約を履行すべきだ』というのであって，これがなければ信約はむなしく，空虚なことば〔約束〕にすぎない．そして，すべての人のすべてのものに対する権利はのこっているのだから，われわれはまだ，戦争の状態にあるのである．」水田洋訳『リヴァイアサン』（第 1 巻）（岩波文庫，1992 年）236 ページ．

「《契約とは何か》権利の相互的な譲渡は，人びとが契約 CONTRACT とよぶものである．

　あるものに対する権利の譲渡と，そのもの自体の譲渡または交付，すなわちひきわたしとのあいだには，ちがいがある．すなわち，そのものは，現金での売買または財貨や土地の交換のように，権利の移行とともにひきわたされるかもしれないし，あるいは，それはいくらかあとになって，ひきわたされるかもしれない．」水田洋訳『リヴァイアサン』（第 1 巻）（岩波文庫，1992 年）221 ページ．

「《コモン-ウェルスの生成》かれらを外国人の侵入や相互の侵害から防衛し，それによってかれらの安全を保証して，かれらが自己の勤労と土地の産物によって自己をやしない，満足して生活できるようにするという，このような能力のある共通の権力を樹立するための，ただひとつの道は，かれらのすべての権力と強さとを，ひとりの人間に与え，または，多数意見によってすべての意志をひとつの意志とすることができるような，人びとのひとつの合議体に与えることであって，そのことは，つぎのようにいうのとおなじである．すなわち，ひとりの人間または人びとの合議体を任命して，自分たちの人格をになわせ，また，こうして各人の人格をになうものが，共通の平和と安全に関することがらについて，みずから行為し，あるいは他人に行為させるあらゆることを，各人は自己のものとし，かつ，かれがその本人であることを承認し，そして，ここにおいて各人は，かれらの意志をかれの意志に，かれらの判断をかれの判断に，したがわせる，ということである．これは同意や和合以上のものであり，それは，同一人格による，かれらすべての真の統一であって，この統一は，各人が各人にむかってつぎのようにいうかのような，各人対各人の信約によってつくられる．すなわち，『私は，この人，また人びとのこの合議体を権威づけ *Authorize*，それに自己を統治する私の権利を，与えるが，それはあなたもおなじようにして，あなたの権利をかれに与え，かれのすべての行為を権威づけるという，条件においてである』．」水田洋訳『リヴァイアサン』（第 2 巻）（岩波文庫，1992 年）32-3 ページ．

「このことがおこなわれると，こうして一人格に統一された群衆は，コモン-ウェルス，ラテン語ではキウィタスとよばれる．これが，あの偉大なリヴァイアサン，むしろ（もっと敬虔にいえば）あの可死の神 Mortall God の，生成であり，われわれは不死の Immortall 神のもとで，われわれの平和と防衛についてこの可死の神のおかげをこうむっているのである．すなわち，コモン-ウェルスのなかの各個

人がかれに与えたこの権威によって，かれは，かれに付与された，ひじょうにおおきな権力と強さを利用しうるのであり，そのおおきさは，その威嚇によって，かれらすべての意志を，国内における平和とかれらの外敵に対抗する相互援助へと，形成することができるほどなのである．そして，かれのなかに，コモン-ウェルスの本質が存在する．《コモン-ウェルスの定義》それは（それを定義するならば），『ひとつの人格であって，かれの諸行為については，一大群衆がそのなかの各人の相互の信約によって，かれらの各人すべてを，それらの行為の本人としたのであり，それは，この人格が，かれらの平和と共同防衛に好都合だと考えるところにしたがって，かれらすべての強さと手段を利用しうるようにするためである』．」水田洋訳『リヴァイアサン』（第2巻）（岩波文庫，1992年）33-4ページ．

「《自由であるとは何か》そして，このほんらいの，一般にうけいれられている，語の意味によれば，自由な人とは，『かれの強さと知力によってかれがなしうるものごとのうちで，かれがする意志をもつものごとを，おこなうのをさまたげられない人である』．しかし自由な *Free* および自由 *Liberty* という語が，物体でないものに適用されるばあいには，悪用されるのである．なぜなら，運動させられないものは，障害をうけることもないからである．それゆえに，（たとえば）道が自由であるといわれるときには，道の自由があらわされるのではなく，とどまることなくそこをあるくものの，自由があらわされるのだ．そしてわれわれが，贈与が自由であるというとき，贈与することの自由が意味されているのではなくて，贈与者が，それを与えよとのどんな法や信約にも拘束されたのではないという，かれの自由が意味されているのである．おなじく，われわれが，自由にはなすときには，それは声や発音の自由ではなくて，人が，かれがはなしたのとちがうようにはなすことを，いかなる法によっても義務づけられないという，人間の自由なのである．最後に，自由意志 *Free-will* という語の使用からは，意志，意欲，または性向の，どんな自由も推論されえないで，人間の自由が推論される．それは，かれが，しようという意志，意欲または性向をもつものごとを，おこなうにあたって，とどめるものをなにもみいださない，ということに存するのである．」水田洋訳『リヴァイアサン』（第2巻）（岩波文庫，1992年）87ページ．

【ロック】

「隷属状態は，人間にとってこの上なく卑しく悲惨な状態であって，わが国民の高潔な気質や勇気とはまったく相容れないものであることから，ジェントルマンは

もとより，イングランド人がそれを擁護するなどということは到底考えられないことである.」加藤節訳『完訳　統治二論』（岩波文庫，2010 年）27 ページ.

「政治権力を正しく理解し，それをその起源から引き出すためには，われわれは，すべての人間が自然にはどんな状態にあるかを考察しなければならない．それは，人それぞれが，他人の許可を求めたり，他人の意志に依存したりすることなく，自然法の範囲内で，自分の行動を律し，自らが適当と思うままに自分の所有物や自分の身体を処理することができる完全に自由な状態である．

　それはまた，平等な状態であり，そこでは，権力と支配権とは相互的であって，誰も他人以上にそれらをもつことはない．なぜなら，同じ種，同じ等級に属する被造物が，すべて生まれながら差別なく同じ自然の便益を享受し，同じ能力を行使すること以上に明白なことはないのだから，それらすべての者の主であり支配者である神が，その意志の明確な宣言によってある者を他の者の上に置き，その者に，明示的な任命によって疑う余地のない支配権と主権とを与えるのでない限り，すべての者が従属や服従の関係をもたず，相互に平等であるべきだということはあきらかであるからである.」加藤節訳『完訳　統治二論』（岩波文庫，2010 年）296 ページ.

「このように，自然状態においては，各人が各人に対する権力を持つようになる．けれども，それは，その掌中にある犯罪者を，自分の激しい感情や無制限のほしいままの意志に従って処分するような絶対的で恣意的な権力ではない．それは，ただ，冷静な理性と良心とが犯罪者の違反につりあうものとして指示する程度のものを，つまり，犯罪者に賠償と抑止とに見合う範囲の報復を加えるだけの権力にすぎない．なぜなら，賠償と抑止との二つだけが，ある人が他者に対して，われわれが刑罰と呼ぶ危害を合法的に加えることができる理由をなすからである．自然法を犯すことによって，その侵害者は，神が人間の相互的な安全のために彼らの行為に対して定めた基準である理性と一般的衡平との規則以外の規則によって生きることを自ら宣言することになる．それによって，その侵害者は，人類にとって危険な存在となろう．人類を危害と暴力とから守るべき絆が，彼によって軽視され，破壊されるからである．これは，全人類と，自然法が準備する人類の平和および安全とに対する侵害であるから，それを理由として，すべての人間は，人類全体を保存するためにもっている権利により，彼らにとって有害なものを抑止し，必要な場合には破壊してよく，従って，自然法を侵害する者に対して，そ

れをなしたことを後悔させ，それによって，その当人や，彼に倣うその他の者が同様の悪事をなすことを思いとどまらせるような危害を加えてよいことになる．こういう場合に，またこういう理由によって，すべての人間は自然法の侵犯者を処罰する権利を持ち，自然法の執行者となるのである．」加藤節訳『完訳　統治二論』（岩波文庫，2010 年）300-1 ページ．

「しかし，この自然状態は，自由の状態ではあっても，放縦の状態ではない．この状態において，人は，自分の身体と自分の所有物とを処理する何の制約も受けない自由をもっているにしても，彼は，自分自身を，また，自分が所有するいかなる被造物をも，単にその保全ということが要求する以上のより高貴な用途がある場合を除いて〔ほしいままに〕破壊する自由をもたないからである．自然状態はそれを支配する自然法をもち，すべての人間がそれに拘束される．そして，その自然法たる理性は，それに耳を傾けようとしさえすれば，全人類に対して，すべての人間は平等で独立しているのだから，何人も他人の生命，健康，自由，あるいは所有物を侵害すべきではないということを教えるのである．というのは，人間が，すべて，ただ一人の全能で無限の知恵を備えた造物主の作品であり，主権をもつ唯一の主の僕であって，彼の命により，彼の業のためにこの世に送り込まれた存在である以上，神の所有物であり，神の作品であるその人間は，決して他者の欲するままにではなく，神の欲する限りにおいて存続すべく造られているからである．そして，われわれは，同一の能力を授けられ，全員が一つの自然の共同体をなしているのだから，下級の被造物がわれわれのために造られているのと同じように，われわれも他人の用に供するために造られているかのように，相互に滅ぼし合うのを権威づけるような従属関係をわれわれの間に想定することはできない．各人は自分自身を保存すべきであり，勝手にその立場を放棄してはならないのだが，それと同じ理由から，自分自身の保全が脅かされない限り，できるだけ人類の他の人々をも保存すべきであり，また，侵害者に正当な報復をなす場合を除いては，他人の生命，あるいはその生命の維持に役立つも，すなわち，自由，健康，四肢あるいは財貨を奪ったり，損ねたりしてはならないのである．」加藤節訳『完訳　統治二論』（岩波文庫，2010 年）298-9 ページ．

「たとえ，大地と，すべての下級の被造物とが万人の共有物であるとしても，人は誰でも，自分自身の身体に対する固有権（プロパティ）をもつ．これについては，本人以外の誰もいかなる権利をももたない．彼の身体の労働と手の働きとは，彼に固有のもの

であるといってよい．したがって，自然が供給し，自然が残しておいたものから彼が取り出すものは何であれ，彼はそれに自分の労働を混合し，それに彼自身のものである何ものかを加えたのであって，そのことにより，それを彼自身の所有物とするのである.」加藤節訳『完訳　統治二論』（岩波文庫，2010 年）326 ページ.

「ところで，これに対しては，『そのような自然状態にある人間はどこにいるのか，あるいは，これまでどこにいたのか』という強い異論がしばしば寄せられてきた．これについては，当面，世界における独立した統治体の君主あるいは支配者はすべて自然状態のうちにあるのだから，世界が自然状態にある多数の人間を欠くことはこれまでにもなかったし，これからもないであろうことはあきらかであると答えておけば十分であろう．私は，独立した共同社会のすべての統治者と言ったが，彼らが，他の統治者と同盟を結んでいるかどうかは関係ない．というのは，すべての契約が人間の間の自然状態を終わらせるわけではなく，ただ，相互に，一つの共同体に入り，一つの政治体を作ることに同意し合う契約だけであるからである．人間が，たとえ相互にそれ以外の契約や約束を行っても，彼らは依然として自然状態のうちにあるのである.」加藤節訳『完訳　統治二論』（岩波文庫，2010 年）307-8 ページ.

「そこで，私は，政治権力とは，固有権（プロパティ）の調整と維持とのために，死刑，従って，当然それ以下のあらゆる刑罰を伴う法を作る権利であり，また，その法を執行し，外国の侵略から政治的共同体を防衛するために共同体の力を行使する権利であって，しかも，すべて，公共善のためだけにそれを行う権利であると考えるのである.」加藤節訳『完訳　統治二論』（岩波文庫，2010 年）293 ページ.

「立法権力とは，共同体とその成員とを保全するために政治的共同体の力がどのように用いられるべきかを方向づける権利を持つものである．しかし，その法は恒常的に執行されなければならず，その効力も常に持続しなければならないものであるとしても，法は短期間に作ることができるものであるから，立法部は常時存在すべき必要もなく，また常になすべき仕事をもつわけではない．また，とかく権力を握りたがるという弱さをもつ人間にとって，法を作る権力をもつと同時にそれを執行する権力をももつことはきわめて大きな誘惑になるであろう．そして，そうなった場合，彼らは，自らが作った法に服従すべき義務から自分たちだけは

逃れたり，法を作るときにも執行するときにも，それを彼ら自身の私的な利益に
合致させたりすることによって，社会と統治との目的に反し，共同体の他の人々
の利害とも異なる利害をもつようになってしまうであろう．そうであるからこそ，
全体の善が本来そうであるべきであるように配慮されているよく秩序づけられた
政治的共同体においては，立法権力は，適宜集合して，自分たちだけで，あるい
は他の者と共同して法を作る権力をもちながら，ひとたび法を作ってしまえば再
び解散し，自分たち自身も自らが作った法に服する多様な人々の手に委ねられて
いるのでる．こうしたあり方が，彼らにとって，新しく，また切実な拘束となっ
て，公共の善のために法を作るべく心がけさせることになるであろう．」加藤節訳
『完訳　統治二論』（岩波文庫，2010 年）468-9 ページ．

「執行権力と連合権力との二つの権力は実際には異なったものであって，一方は，
社会のすべての部分に対して，社会の国内法を社会の内部で執行することを含み，
他方は恩恵あるいは損害を受けるかもしれない相手との関係で，公衆の安全と利
益を対外的に処理することを含むものであるが，しかし，両者はほとんどの場合，
常に結びついている．」加藤節訳『完訳　統治二論』（岩波文庫，2010 年）470-1
ページ．

【ルソー】

「結論を述べよう，——森の中をさまよい，器用さもなく，言語もなく，住居もな
く，戦争も同盟もなく，少しも同胞を必要ともしないばかりでなく彼らを害しよ
うとも少しも望まず，恐らくは彼らの誰をも個人的に見覚えることさえ決してな
く，未開人はごくわずかな情念にしか支配されず，自分ひとりで用が足せたので，
この状態に固有の感情と知識しか持っていなかった．彼は自分の真の欲望だけを
感じ，見て利益があると思うものしか眺めなかった．そして彼の知性はその虚栄
心と同じように進歩しなかった．偶然なにかの発見をしたとしても，彼は自分の
子供さえ覚えていなかったぐらいだから，その発見をひとに伝えることはなおさ
らできなかった．技術は発明者と共に滅びるのが常であった．教育も進歩もなか
った．世代はいたずらに重なっていった．そして各々の世代は常に同じ点から出
発するので，幾世紀もが初期のまったく粗野な状態のうちに経過した．種はすで
に老いているのに，人間はいつまでも子供のままであった．」本田喜代治・平岡昇
訳『人間不平等起原論』（岩波文庫，1972 年）80 ページ．

「ところで，すべてこれらの問題を取り巻くさまざまな困難が，人間と動物とのこの差異についてなおいくらか論議の余地を残しているとしても，もう一つ，両者を区別して，なんらの異議もありえない，きわめて特殊な特質が存在する．それは自己を改善〔完成〕する能力である．すなわち，周囲の事情に助けられて，すべての他の能力をつぎつぎに発展させ，われわれの間には種にも個体にも存在するあの能力である．」本田喜代治・平岡昇訳『人間不平等起原論』（岩波文庫，1972 年）53 ページ．

「ある土地に囲いをして『これは俺のものだ』と宣言することを思いつき，それをそのまま信ずるほどおめでたい人々を見つけた最初の者が，政治社会（国家）の真の創立者であった．」本田喜代治・平岡昇訳『人間不平等起原論』（岩波文庫，1972 年）85 ページ．

「人間は自由なものとして生まれた，しかもいたるところで鎖につながれている．自分が他人の主人であると思っているようなものも，実はその人々以上にドレイなのだ．どうしてこの変化が生じたのか？わたしは知らない．何がそれを正当なものとしうるか？わたしはこの問題は解きうると信じる．」桑原武夫・前川貞次郎訳『社会契約論』（岩波文庫，1954 年）15 ページ．

「だから，もし社会契約から，その本質的でないものを取りのぞくと，それは次の言葉に帰着することがわかるだろう．『われわれの各々は，身体とすべての力を共同のものとして一般意志の最高の指導の下におく．そしてわれわれは各構成員を，全体の不可分の一部として，ひとまとめとして受けとるのだ．』」桑原武夫・前川貞次郎訳『社会契約論』（岩波文庫，1954 年）31 ページ．

「この結合行為は，ただちに，各契約者の特殊な自己に代わって，ひとつの精神的で集合的な団体をつくり出す．その団体は集合における投票者と同数の構成員から成る．それは，この同じ行為から，その統一，その共同の自我，その生命およびその意志を受け取る．このように，すべての人々の結合によって形成されるこの公的な人格は，かつては都市国家という名前を持っていたが，今では共和国（République）または政治体（Corps politique）という名前を持っている．それは，受動的には，構成員から国家（État）と呼ばれ，能動的には主権者（Souverain），同種のものと比べる時は国（Puissance）と呼ばれる．構成員についていえば，集

合的には人民（Peuple）という名を持つが，個々には，主権に参加するものとしては市民（Citoyens），国家の法律に服従するものとしては臣民（Sujets）と呼ばれる．しかし，これらの用語はしばしば混同され，一方が他方に誤用される．ただ，これらの用語が真に正確な意味で用いられるとき，それらを区別することを知っておけば十分である．」桑原武夫・前川貞次郎訳『社会契約論』（岩波文庫，1954 年）31 ページ．

「主権は譲りわたされえない，これと同じ理由によって，主権は代表されえない．主権は本質上，一般意志のなかに存する．しかも，一般意志は決して代表されるものではない，一般意志はそれ自体であるか，それとも，別のものであるからであって，決してそこには中間はない．人民の代議士は，だから一般意志の代表者ではないし，代表者たりえない．彼らは，人民の使用人でしかない．彼らは，何ひとつとして決定的なとりきめをなしえない．人民がみずから承認したものでない法律は，すべて無効であり，断じて法律ではない．イギリスの人民は自由だと思っているが，それは大間違いだ．彼らが自由なのは，議員を選挙する間だけのことで，議員が選ばれるやいなや，イギリス人民はドレイとなり，無に帰してしまう．その自由な短い期間に，彼らが自由をどう使っているかをみれば，自由を失うのも当然である．」桑原武夫・前川貞次郎訳『社会契約論』（岩波文庫，1954 年）133 ページ．

【バーク】

「我々は，宗教こそ文明社会の基礎であり，すべての善，すべての慰めの源泉であると知っています．知っているばかりではなく，一層良いことには内的にそう感じています．イングランドでは，我々はこれについて極めて強固な確信をもっているため，迷信の錆――蓄積された人間精神の不条理は，時代を経るにつれて精神をこの錆で完全に被い固めてしまっていたかも知れません――など存在しないのです．」半澤孝麿訳『フランス革命の省察』（みすず書房，1997 年）114-5 ページ．

「御判りのように，私は，この啓蒙の時代にあってなおあえて次のように告白する程に途方もない人間です．即ち，我々は一般に無教育な感情の持ち主であって，我々の古い偏見を皆捨て去るどころかそれを大いに慈しんでいること，また，己が恥の上塗りでしょうが，それを偏見なるが故に慈しんでいること，しかもその

偏見がより永続したものであり，より広汎に普及したものであればある程慈しむこと，等々です．我々は，各人が自分だけで私的に蓄えた理性に頼って生活したり取引したりせざるを得なくなるのを恐れています．というのも，各人のこうした蓄えは僅少であって，どの個人にとっても，諸国民や諸時代の共同の銀行や資本を利用する方がより良いと我々は考えるからです．わが国の思索家の多くは，共通の偏見を退けるどころか，そうした偏見のなかに漲る潜在的智恵を発見するために，自らの賢察を発揮するのです．彼らは自ら探し求めていたものを発見した場合――実際失敗は滅多にないのですが――偏見の上衣を投げ捨てて裸の理性の他は何も残らなくするよりは，理性折り込み済みの偏見を継続させる方が遙かに賢明であると考えます．何故ならば，理性を伴った偏見は，その理性を行動に赴かしめる動機や，またそれに永続性を賦与する愛情を含んでいるからです．火急に際しても偏見は即座に適用できます．それは，予め精神を確固たる智恵と美徳の道筋に従わせておきます．そして，決定の瞬間に人を懐疑や謎や不決断で躊躇させたまま抛り出すことはしません．偏見とは人の美徳をしてその習慣たらしめるもの，脈絡の無い行為の連続には終わらせないものなのです．正しい偏見を通して，彼の服従行為は天性の一部となるのです．」半澤孝麿訳『フランス革命の省察』（みすず書房，1997 年）111 ページ．

「しかしこの財産収奪の行為は，どうやら没収ではなくて法に従った判決らしいのです．パレ・ロワイヤルやジャコバンなどのアカデミーで連中が発見したと覚しきところに従えば，ある種の人間には，法や慣行や法廷の判決や千年にもわたって蓄積されてきた時効などによって保有して来た物を所有する権利が無いのです．」半澤孝麿訳『フランス革命の省察』（みすず書房，1997 年）135 ページ．

「確かに社会とは一種の契約です．とは言え，単なるその時々の利益を目的とする二義的契約ならば好き勝手に解消もできましょう．しかし，国家を目して，些細な一時的利益のために締結され，当事者の気紛れに任せて解消される胡椒やコーヒー，インド綿布やタバコ，その他これに類する低次元の物の取引における組合協約と選ぶところが無い，などと考えるべきではありません．国家はもっと別の尊敬を以て眺められるべきものです．というのもそれは，一時の，朽ち去るべき性質を持った，低次元の動物的生存に役立つだけの物資についての組合ではないからです．それはすべての学問についての組合，すべての技芸についての組合であり，すべての美徳とはすべての完全さについての組合なのです．そうした組合

の目的は多くの世代を重ねてもなお達成不可能な以上，国家は，現に生存している者の間の組合たるにとどまらず，現存する者，すでに逝った者，はたまた将来生を享くべき者の間の組合となります．」半澤孝麿訳『フランス革命の省察』（みすず書房，1997 年）123 ページ．

「我々の自由を世襲の権利として規則正しく永続させ，また聖なるものとして保持すべき筋道乃至方法として，世襲王制以外何ものかがあり得るとは，これまで如何なる経験も教えたことがありません．異常な痙攣性の病気を払い除けるためならば，同じく異常で痙攣的な運動も必要でしょう．しかし継承の歩みこそイギリス憲法の健全な習わしなのです．」半澤孝麿訳『フランス革命の省察』（みすず書房，1997 年）33 ページ．

「彼らが何であるにせよ，私は，我々自身の改善のために彼らから模範を取って来るのではなくて，むしろイギリス憲法という実例を我々の隣人に向かって推賞するよう，我が同胞に希望する者です．彼ら隣人は，イギリス憲法の中から，評価を絶する宝を既に手に入れているのです．彼らにも多少の不安や不満の種が無い訳ではないとは私も思いますが，そのよって来るところは，彼らの憲法の中にではなくて彼らの行動の中にあるのです．私は，我々の幸福な状態は，我が憲法に――それもそのどれか一部分にではなく全体に――負っていると思っています．言い換えれば，数回の再吟味や改革を通じて附加変更されて来たところだけではなく，そこで我々が手付かずにして置いたところにもまた大きく負っているということなのです．我が国の人々は，真に愛国的で自由独立な精神にとっては，自分達が所有しているものを破壊から守るべく，なすべきことが幾らでもある，と思うに違いありません．私は変更をもまた排する者ではありません．しかしたとえ変更を加えるとしても，それは保守するためでなければなりません．大きな苦痛があれば，私は何か対策を講じなければなりませんが，いざ実行の段には，われわれの祖先の実例に倣わねばなりません．私は，修繕をする場合にはできる限り建物の場合のような方法を取る積りです．賢明な注意，綿密周到さ，気質的というよりはむしろ善悪判断を弁えた小心さ，これらが，最も断固たる行為をする際に我々の祖先が則った指導原理の中にはありました．彼らはあの光り――つまり，フランス人の紳士諸君が自分達はそれに大いに与っていると我々に吹聴するあの光――に照らされてはいなかったために，人間とは無知で誤り易いものである，という強い印象の下に行動したものでした．そして，彼らをそのような可謬

の存在として作り給うた神は，彼がその行為において自らの性質に従順であった
ことを嘉し給うたのです．もしも我々が彼らの運命に評したいと欲し，また彼ら
の遺産を維持したいと欲するならば，彼らの注意深さを模倣しようではありませ
んか．付け加えたければそれも結構でしょう．しかし彼らが遺した物だけは保持
しようではありませんか．そして，フランスの空中冒険家共の気狂いじみた飛行
の後に従おうとしたりするよりは，イギリス憲法という確固たる地面にしっかり
と立って，讚美の眼を上げることでむしろ満足しようではありませんか．」半澤孝
麿訳『フランス革命の省察』（みすず書房，1997 年）312-3 ページ．

【トクヴィル】
「合衆国に滞在中，注意を惹かれた新奇な事物の中でも，境遇の平等ほど私の目を
驚かせたものはなかった．この基本的事実が社会の動きに与える深甚な影響はた
やすく分かった．それは公共精神に一定の方向を与え，法律にある傾向を付与す
る．為政者に新たな準則を課し，被治者に特有の習性をもたらす．
　やがて私は，この同じ事実が，政治の習俗や法律を超えてはるかに広範な影響
を及ぼし，政府に働きかけるばかりか市民社会をも動かす力をもつことに気づい
た．それは世論を創り，感情を生み，慣習を導き，それと無関係に生まれたもの
にもすべて修正を加える．」松本礼二訳『アメリカのデモクラシー』（第 1 巻上）
（岩波文庫，2005 年）9 ページ．

「多数の力が絶対的であるのは民主政治の本質に由来する．民主政体にあっては，
多数者の外に抵抗するものは何もないからである．」松本礼二訳『アメリカのデモ
クラシー』（第 1 巻下）（岩波文庫，2005 年）139 ページ．

「多数の暴政
　政治において人民の多数は何事をもなす権利を有するという原理は，不遜で憎
むべきものだと思う．にもかかわらず，私は多数の意志にあらゆる権力の起源を
認める．これは自己矛盾であろうか．
　特定の国民における多数にとどまらず，すべての人間の多数が定め，少なくと
も採用した普遍の法が存在する．それは正義の法である．
　すなわち正義は，個々の人民の権利に限界を付すものである．
　一国の国民は，人類普遍の社会を代表して，その法たる正義の実現にあたる陪
審員のようなものである．社会を代表してその法を適用する陪審員が，社会それ

自体より大きな力をもつべきであろうか．

　すなわち，不正な法への服従を拒否するとき，私は多数者の命令権を否認する
わけではない．ただ人民主権から転じて，人類の主権に訴えるだけである．

　人民が己れの利害にしか関わらぬ案件において正義と理性の枠を完全に踏み外
すことはありえず，したがって人民を代表する多数者に全権を委ねるのを恐れる
べきではないと言って憚らなかった人々がいる．だが，これは奴隷の言葉である．

　多数者を一体としてみれば，少数者という別の個人と，意見，またたいていの
場合，利害において対立している個人にほかならない．ところで，一人の人間が
全能の権力を身につければこれを敵に対して濫用するかもしれぬと考えるのであ
れば，どうして同じことが多数者についても生じることを認めないのか．人間は
団体になって性格が変わったのか．力を増すにつれて，反対に対して忍耐強くな
ったのか．そんなことは私には信じられない．一人の同胞に対して否定する，す
べてをなしうる力の保持を，複数の人間だからといって認めようとは決して思わ
ない．」松本礼二訳『アメリカのデモクラシー』（第1巻下）（岩波文庫，2005年）
146-8ページ．

「多数者の権力がヨーロッパで知られているいかなる権力と比較しても，どれほど
圧倒的であるかは，合衆国における思想の営みを検討してみて初めて明瞭に認識
される．

　思想は目に見えぬ，ほとんど捉えどころのない力であって，その前にはいかな
る暴政も難なくあしらわれる．今日，ヨーロッパのもっとも絶対的な主権者とい
えども，その権威に逆らうなんらかの思想が秘かに国内に流通し，宮中にまで浸
透するのを妨げることはできそうにない．アメリカは事情が異なる．多数の意見
がはっきりしないうちは，いろいろな見解が語られる．ところが，一度多数の意
見が決定的に宣言されるや，誰もが口を閉ざし，敵も味方もなく競って多数の後
に従おうとするように見える．その理由は単純だ．どんな絶対君主といえども，
多数者が立法と執行の権利を得た場合のようには，社会の力をすべて手中に収め，
抵抗を抑えることはできない．

　それに国王のもつ力は物理的な力にすぎず，臣民の行為を規制しても，その意
志に働きかけることはできない．ところが多数者には物理的かつ精神的な力があ
り，これが国民の行為と同様，意志にも働きかけ，行動を妨げるだけでなく，行
動の意欲を奪ってしまうのである．

　総じてアメリカほど，精神の独立と真の討論の自由がない国を私は知らない．

　ヨーロッパの立憲国家ではどんな宗教理論，いかなる政治理論であれ，自由に
説くことができ，立憲国家以外にもそうした理論はすべて浸透している．なぜな
らヨーロッパでは，どんな単一の権力の下にある国であっても，真実を語ろうと
する者は，そのような自立的精神が招く帰結から自分を守ってもらえる支持者を
どこかに見出すからである．不幸にも絶対的な政府の下に暮らしているならば，
しばしば民衆が彼の力となる．自由な国に住んでいれば，必要な場合，王権の庇
護の下に隠れられる．民主主義の国であれば社会の貴族的部分が，貴族制の国で
あれば民主的な部分が彼を支持する．ところが，合衆国のような構造の民主主義
の中には，ただ一つの権力，力と成功のただ一つの要素しか見当たらず，それ以
外には何も存在しない．」松本礼二訳『アメリカのデモクラシー』（第 1 巻下）（岩
波文庫，2005 年）152-4 ページ．

「民主的な世紀には，人は誰でも自分自身の中に信仰を求めることを私は明らかに
した．そうした世紀には，また，誰もがあらゆる感情を自分一人に向けるという
ことを示そう．

　個人主義（individualisme）は新しい思想が生んだ最近のことばである．われわ
れの父祖は利己主義しか知らなかった．

　利己主義は自分自身に対する激しい，行き過ぎた愛であり，これに動かされる
と，人は何事も自己本位に考え，何を措いても自分の利益を優先させる．

　個人主義は思慮ある静かな感情であるが，市民を同胞全体から孤立させ，家族
と友人と共に片隅に閉じこもる気にさせる．その結果，自分だけの小さな社会を
つくって，ともすれば大きな社会のことを忘れてしまう．

　利己主義はある盲目の本能から生まれ，個人主義は歪んだ感情というより，間
違った判断から出るものである．その源は心の悪徳に劣らず知性の欠陥にある．

　利己主義はあらゆる徳の芽を摘むが，個人主義は初めは公共の徳の源泉を涸ら
すだけである．だが，長い間には，他のすべての徳を攻撃，破壊し，結局のとこ
ろ利己主義に帰着する．

　利己主義は世界と共に古い悪徳である．ある形の社会の中に多くあって，他の
社会には少ないというものではない．

　個人主義は民主的起源のものであり，境遇の平等が進むにつれて大きくなる恐
れがある．」松本礼二訳『アメリカのデモクラシー』（第 2 巻上）（岩波文庫，2008
年）175-6 ページ．

「この人々の上には，ひとつの巨大な後見的権力が聳え立ち，それだけが彼らの享楽を保障し，生活の面倒をみる任に当たる．その権力は絶対的で事細かく，几帳面で用意周到，そして穏やかである．人々に成年に達する準備をさせることが目的であったならば，それは父権に似ていたであろう．だが，それは逆に人を決定的に子供のままにとどめることしか求めない．市民が楽しむことしか考えない限り，人が娯楽に興ずることは権力にとって望ましい．権力は市民の幸福のために喜んで働くが，その唯一の代理人，単独の裁定者であらんとする．市民に安全を提供し，その必要を先取りして，これを確保し，娯楽を後押しし，主要な業務を管理し，産業を指導し，相続を規制し，遺産を分割する．市民から考える煩わしさと生きる苦労をすっかり取り払うことができないはずがあるまい．

したがって今日権力は日ごとに自由意志の行使をますます無効に，いよいよ稀にしている．意思の作用をより小さな空間に閉じ込め，次第に個々の市民から自ら動く力さえ奪ってしまう．平等がこれらすべてへ向けて人々を準備させていたのである．平等のためには彼らはこうした事態を受忍し，しばしばこれをよいこととみなす気にさえなっていた．

主権者はこのように個人をひとりひとりその強力な掌中につかみ取り，思うがままにこれをこねまわしてから，社会全体に手を伸ばす．彼は複雑詳細で画一的な法規の網で社会の表面を覆い，この網を突き破って衆に抜きん出ることは，最も独創的な精神，この上なく強靭な魂の持ち主にもできそうにない．主権者は人間の意志を挫きはしないが，これを軟弱，従順にし，これを指導する．行動を強いることは稀だが，絶えず人の行動を妨げる．破壊はせず，誕生を妨げる．暴虐ではないが邪魔であり，人を圧迫していらだたせ，意気阻喪させ，茫然自失の状態に追い込む．そしてついには，どんな国民も小心で勤勉な動物の群れに過ぎなくされ，政府がその牧人となる．」松本礼二訳『アメリカのデモクラシー』（第2巻下）（岩波文庫，2008年）256-8ページ．

「しかるに，自由な人民の力が住まうのは地域共同体のなかなのである．地域自治の制度が自由にとって持つ意味は，学問に対する小学校のそれに当たる．この制度によって自由は人民の手の届く所におかれる．それによって人民は自由な平穏な行使の味を知り，自由の利用に慣れる．地域自治の制度なしでも国民は自由な政府を持つことはできる．しかし自由の精神は持てない．束の間の情熱，一時の関心，偶然の状況が国民の独立の外形を与えることはある．だが，社会の内部に押し込められた専制は遅かれ早かれ再び表に現れる．」松本礼二訳『アメリカのデ

モクラシー』（第 1 巻上）（岩波文庫，2005 年）97 ページ．

「現代では，結社の自由は多数の暴政に抗する必要な保証となっている．合衆国で
は，一度ある政党が政権を握ると，すべての公権力がその手に落ちる．個人的な
友人があらゆる公職に就き，あらゆる機関の権限をほしいままにする．反対党の
もっともすぐれた人物も権力との境界を突破することはできないので，権力の外
側に地歩を固められる場がなければならない．少数派はその精神の力のすべてを
挙げて，多数派の物質的力による抑圧に抗さねばならぬ．これは恐るべき毒を別
の毒をもって制することである．

　私には多数の全能がアメリカの共和国にとって非常に大きな危険と思われるの
で，これを制限するために用いられる危険な手段も，まだしも良いものに見える．

　私はここである考えを述べたいのだが，これは別の箇所で地方の自由を論じた
ときに述べたことを思い出させるものである．すなわち，党派的専制や君主の恣
意を妨げるのに，社会状態が民主的な国ほど結社が必要な国はない，という考え
がそれである．貴族制の国民では，二次的な団体が権力の濫用を抑制する自然の
結社を形成している．このような結社が存在しない国で，もし私人がこれに似た
何かを人為的，一時的につくりえないとすれば，もはやいかなる種類の暴政に対
しても防波堤は見当たらず，大国の人民も一握りの叛徒，一人の人間によってや
すやすと制圧されるであろう．」松本礼二訳『アメリカのデモクラシー』（第 1 巻
下）（岩波文庫，2005 年）44 ページ．

【J.S. ミル】

「利己心に次いで，人生を満たされないものと感じさせる主な原因は，知的陶冶が
欠けていることである．陶冶された知性と言っても，私が言おうとしているのは
哲学者の知性ではなく，知識を与えてくれるものに対して開かれた姿勢のある知
性であり，知的能力を働かせるための教育をほどほどに受けている人の知性であ
る．こういう意味での陶冶された知性は，身のまわりのすべてのことに，尽きる
ことのない興味の源泉を見出す．自然界の物事，芸術作品，詩の生み出す想像的
なもの，歴史上の出来事，過去と現在における人々の生き方，人類の将来の見通
し，といった具合にである．」関口正司訳『功利主義』（岩波文庫，2021 年）40 ペ
ージ．

「本書の主題は，いわゆる意志の自由ではない．意志の自由は，残念ながら，哲学

的必然性と誤って名づけられた説と対置されている．本書の主題はこれではなく，市民生活における自由，社会のなかでの自由である．つまり，個人に対して社会が正当に行使してよい権力の性質と限界である．この問題は，一般論の形で論述されることはまれで，議論されることもこれまでほとんどなかった．とはいえ，目に見えないところでは存在していたので，現代の実際の論争に深く影響をおよぼしているし，今後すぐに，死活的に重要な将来的問題として認知されるようになるだろう．これはけっして新しい問題ではなく，ある意味では，ほぼ太古の昔から人々を対立させてきた問題である．しかし，人類の中で文明化の進んだ部分が到達した進歩の段階では，新しい諸条件の下で登場していて，以前とは別のもっと根本的な対処が必要になっている．」関口正司訳『自由論』（岩波文庫，2020年）11ページ．

「多数者の専制は，当初は他の専制と同様に，主に公的機関の行為を通じて作用するものとしてとらえられ恐れられた．今でも一般的にはそうである．しかし，社会それ自体が専制的支配者である場合には，つまり，構成員の個々人に対して社会全体がまとまって専制的支配者となる場合には，専制の手段は公務担当者たちによる行為に限られない．このことに，思慮深い人々は気づいた．社会は自分で自分の命令を通すことができるし，現にそうしている．もし，社会が正しい命令ではなく間違った命令を出したり，干渉すべきではない問題で命令を出したりするのであれば，種々多様な政治的抑圧よりも一層恐ろしい社会的専制が行われることになる．なぜなら，社会的専制は普通，政治的抑圧のように極端な刑罰で支えられていないとはいえ，逃れる手段はより少なく，生活の隅々にはるかに深く入り込んで魂それ自体を奴隷化するからである．だから統治者による専制への防護だけでは十分でない．支配的な意見や感情の専制に対する防護も必要である．」関口正司訳『自由論』（岩波文庫，2020年）17-8ページ．

「人間が高貴で美しいものとして観照の対象になるのは，個性的なものがすべてすりつぶされ画一的にされているからではない．他の人々の権利と利益のために課された制約の範囲内で，個性的なものが陶冶され引き出されているからである．人間の生活も，作品が制作者の性格を帯びるのと同じような過程を経て，豊かで多様で生気に満ちたものになる．そして，高潔な思想や品位を高める感情にいっそう豊富な養分を与えるとともに，人類の一員であることの価値を最高度に高めることによってあらゆる個人を人類に結びつける絆を強化する．各人は，自分の

個性の発展に比例して，自分にとっていっそう価値あるものとなり，また，その結果として，他の人々にとってもいっそう価値あるものになることができる．それぞれの人間の存在にいっそう充実した生命が宿り，〔個人という〕構成単位の生命力が高まると，そうした単位から構成される集合体の生命力も高まることになる.」関口正司訳『自由論』（岩波文庫，2020 年）141-2 ページ．

「本書の目的は，社会が強制や統制というやり方で個人を扱うときに，用いる手段が法的刑罰という形での物理的な力であれ，世論という形での精神的な強制であれ，その扱いを無条件で決めることのできる原理として，一つの非常に単純な原理を主張することである．その原理とは，誰の行為の自由に対してであれ，個人あるいは集団として干渉する場合，その唯一正当な目的は自己防衛だということである．文明社会のどの成員に対してであれ，本人の意向に反して権力を行使しても正当でありうるのは，他の人々への危害を防止するという目的の場合だけである．身体面であれ精神面であれ，本人にとってよいことだから，というのは十分な正当化にならない．そうした方が本人のためになるとか，本人をもっと幸福にするとか，他の人々の意見ではそうするのが賢明で正しいことですらあるといった理由で，本人を強制して一定の行為をさせたりさせなかったりすることは，正当ではありえない．これらの理由は，本人をいさめたり，道理を説いたり，説得したり，懇願したりする理由としては正当だが，本人を強制したり，言うとおりにしない場合に害悪を加える正当な理由にはならない．それを正当化するためには，静止したい行為が，他の誰かに危害を加えることを意図しているものでなければならない．この人が社会に従わなければならない唯一の行為領域は，他の人々にかかわる行為の領域である．本人だけにかかわる領域では，本人の独立は，当然のことながら絶対的である．個人は，自分自身に対しては，自分自身の身体と精神に対しては，主権者である.」関口正司訳『自由論』（岩波文庫，2020 年）27-8 ページ．

「理想の上での最善の統治形態を示すのは難しくない．それは，主権あるいは最終的な最高統制権力が社会全体に付与され，また，市民がその究極の主権の行使に発言できるばかりでなく，地方や国の公的な役割を直接に果たすことで統治体制に実際に参加するよう少なくとも時折は求められる，そうした統治形態である.」関口正司訳『代議制統治論』（岩波書店，2019 年）50 ページ．

「したがって，良い統治の第一の要素は，社会を構成する人々の徳と知性であるから，統治形態が持ちうる長所のなかで最も重要なのは，国民自身の徳と知性を促進するという点である．政治制度に関する第一の問題は，さまざまな望ましい知的道徳的な資質を社会成員の中でどこまで育成することに役立つかである．いやむしろ（ベンサムのもっと完成度の高い分類に従えば），道徳的資質，知的資質，活動的資質の育成に役立つかである．この点で最善の貢献をしている統治体制は，他のあらゆる点でも最善である可能性が十分にある．なぜなら，あくまでもこれらの資質が国民の中にあるという前提での話だが，統治体制が実際に良好に機能する可能性全体を左右するのは，これらの資質に他ならないからである．」関口正司訳『代議制統治論』（岩波書店，2019 年）28-9 ページ．

【カント】

「人格とは，行為の責任を負うことのできる主体である．それゆえ，道徳的人格性とは，道徳法則の下にある理性的存在の自由に他ならない．（しかしながら，心理学的人格性とは，おのれの存在のさまざまの状態において，自己自身の同一性を意識している能力にすぎない．）このことから次に，人格が，（ひとりであるか，あるいはすくなくとも他のひとびとと一緒に）自己自身に与える法則以外のいかなる法則にも支配されないという結論が出てくるのである．

物件とは，責任を負わせることのできない物である．自由な選択意志の客体であって，それ自体としては自由を欠いているすべてのものは，それゆえ物件（res corporalis）とよばれる．」吉澤傳三郎・尾田幸雄訳「人倫の形而上学」『カント全集』（第 11 巻）（理想社，1966 年）46 ページ．

「それゆえ定言的命法はただひとつしかなく，それは次のごとくである．『汝の格率が普遍的法則となることを汝が同時にその格率によって意志しうる場合にのみ，その格率に従って行為せよ』．」土岐邦夫・観山雪陽・野田又夫訳『プロレゴーメナ・人倫の形而上学の基礎づけ』（中公クラシックス，2005 年）286 ページ．

「第一に，社会の成員が（人間として）自由であるという原理，第二に，すべての成員が唯一で共同の立法に（臣民として）従属することの諸原則，第三に，すべての成員が（国民として）平等であるという法則，この三つに基づいて設立された体制―これは根源的な契約の理念から生ずる唯一の体制であり，この理念に民族の合法的なすべての立法が基づいていなければならないのであるが，こうした

体制が共和的である．それゆえ，この体制は，法にかんして，それ自体があらゆる種類の市民的組織の根源的な地盤となる体制である．そこで問題は，ただ次のこと，つまりこの体制がまた，永遠平和へと導くことができる唯一の体制なのか，ということである．」宇都宮芳明訳『永遠平和のために』（岩波文庫，1985 年）29-30 ページ．

【ヘーゲル】

「人倫は，自由の理念であり，生ける善として存在する．この善は，自己意識のうちに，自らの知と意欲とを持つとともに，自己意識の行為によって，自らの現実性を持つ．このことは，自己意識が人倫的存在において自分の即自的かつ対自的に存在する基盤と自分を動かす目的とを持つのと同様である．―したがって，人倫は，現存する世界となり，自己意識の本性となった自由の概念である．」上妻精・佐藤康邦・山田忠彰訳『法の哲学』（下）（岩波文庫，2021 年）13 ページ．

「人倫的なものが理念のこれら諸規定の体系であるということが，人倫的なものが理性的なものであるゆえんである．こうして，人倫的なものは，自由なのであり，ないしは，客観的なものとしての，必然性の円環としての即自的かつ対自的に存在する意志である．そして，この円環の諸契機は人倫的諸力であって，これら諸力が諸個人の生活を規制しているのであり，みずからの偶有性としての諸個人のうちに，みずからの表象と現象する形態と現実性とをもっているのである．」上妻精・佐藤康邦・山田忠彰訳『法の哲学』（下）（岩波文庫，2021 年）15 ページ．

「市民社会は三つの契機を含んでいる．
A　諸個人の欲求と充足とを，自分自身の労働とすべての他のひとびとの労働および欲求の充足によって媒介すること―欲求の体系．
B　欲求の体系のうちに含まれている自由という普遍的なものの現実性，すなわち司法による所有の保護．
C　行政と職業団体による，この体系のうちに残存する偶然性に対するあらかじめの配慮と，特殊的な利益の共同的なものとしての管理．」上妻精・佐藤康邦・山田忠彰訳『法の哲学』（下）（岩波文庫，2021 年）86 ページ．

「日常的な欲求が野放図に多様化し錯綜してくるにつれて，誰もがその妨げられない可能性を当てにするような欲求充足の手段の調達や交換に関して，さらにまた

できるだけ短縮されるべきこの調達や交換についての調査や商談に関して，共同の利益であり，ひとりの仕事が同時に万人のためであるような諸側面が生じる．―つまり共同の使用のために存在しうるような手段や配備が生じる．この普遍的な仕事や公益のための配備は，公的権力の監督とあらかじめの配慮を必要とする．」上妻精・佐藤康邦・山田忠彰訳『法の哲学』（下）（岩波文庫，2021 年）154-5 ページ．

「職業団体では，自分の技量を発揮して，これによって取得されうるものを取得するといういわゆる自然権の制限が存するのであるが，それは，ただ技量が職業団体において理性的性格をもつように規定されるかぎりにおいてのことである．すなわち，技量が，自分のひとりよがりの意見や偶然性から，また他の成員にとっての危険と同様に自分にとっての危険から解放され，承認され，保障され，そして同時に共同の目的のための意識的なふるまい方へと高められるかぎりにおいてのみのことである．

　家族〔国家の第一の人倫的根幹〕に対して，職業団体は第二の，すなわち市民社会に根ざす，国家の人倫的根幹を成す．第一の根幹は，主観的な特殊性と客観的な普遍性との両契機を実体的な統一のうちに含んでいる．しかし，第二の根幹は，さしあたり市民社会では欲求と享受との自分のうちへ反省した特殊性と，抽象的な法的普遍性とに二分されているこれら両契機を，内面的な仕方で統合する．したがって，この統合においては，特殊的な利福が権利として存在し，実現されている．」上妻精・佐藤康邦・山田忠彰訳『法の哲学』（下）（岩波文庫，2021 年）177 ページ．

「国家は人倫的理念の現実性―すなわち，顕現した，自分自身にとって明瞭な実体的意志としての人倫的精神である．この意志は，みずからを思惟し，みずからを知り，かつ，みずからが知るものを，その知るかぎりにおいて，遂行する．国家は，習俗においてその直接的現存在をもち，個人の自己意識，知識，ふるまい方において媒介された現存在をもつ．同様に，個人の自己意識は，その志操を通じて，みずからのふるまい方の本質，目的，所産としての国家において実体的自由をもつ．」上妻精・佐藤康邦・山田忠彰訳『法の哲学』（下）（岩波文庫，2021 年）181 ページ．

【マルクス／エンゲルス】

「第一章　ブルジョアとプロレタリア⁽⁻⁾

　今日までのあらゆる社会の歴史⁽⁻⁾は，階級闘争の歴史である．

　　（一）〔原註〕（一八八八年英語版へのエンゲルスの註）ブルジョア階級とは，近代的資本家階級を意味する．すなわち，社会的生産の諸手段の所有者にして賃金労働者の雇傭者である階級である．プロレタリア階級とは，自分自身の生産手段をもたないので，生きるためには自分の労働力を売ることを強いられる近代賃金労働者の階級を意味する．

　　（二）〔原註〕（一八八八年英語版へのエンゲルスの註）すなわち，あらゆる書かれた歴史である．一八四七年には，社会の前史，すなわち記録された歴史に先行する社会組織は，全然といっていいほど知られていなかった．その後，ハクストハウゼンは，ロシアにおける土地の共有制を発見し，マウラーは，土地の共有制がすべてのチュートン部族の歴史的出発の社会的基礎であったことを立証した．そして次第に，村落共同体は，インドからアイルランドにいたるあらゆるところで，社会の原始的形態であること，あるいはあったことが発見された．そして，氏族の真の性質および部族に対するその関係についてのモルガンの称讃すべき発見によって，原始共産主義社会の内部組織の典型的な形が明らかにされた．この原始時代の共同社会の解体とともに，別々の，ついにはたがいに対立する諸階級への社会の分裂がはじまる．

　自由民と奴隷，都市貴族と平民，領主と農奴，ギルドの親方⁽⁻⁾と職人，要するに圧制者と被圧制者はつねにたがいに対立して，ときには暗々のうちに，ときには公然と，不断の闘争をおこなってきた．この闘争はいつも，全社会の革命的改造をもって終るか，そうでないときには相闘う階級の共倒れをもって終った．

　　（三）〔原註〕（一八八八年英語版へのエンゲルスの註）Guild-master（ギルドの親方）とは，ギルドの正会員，すなわちギルドに属する親方のことであって，ギルドの長のことではない．

　歴史の早い諸時期には，われわれは，ほとんどどこでも社会が種々の身分に，社会的地位のさまざまの段階に，完全にわかれているのを見出す．古ローマにおいては，都市貴族，騎兵，平民，奴隷に，中世においては，封建領主，家臣，ギルド組合員，職人，農奴にわかれていた．なおそのうえ，これらの階級の一つ一つのなかが，たいていまた別々の階層にわかれていた．

　封建社会の没落から生れた近代ブルジョア社会は，階級対立を廃止しなかった．

この社会はただ，あたらしい階級を，圧制のあたらしい条件を，闘争のあたらしい形態を，旧いものとおきかえたにすぎない．

　しかしわれわれの時代，すなわちブルジョア階級の時代は，階級対立を単純にしたという特徴をもっている．全社会は，敵対する二大陣営，たがいに直接に対立する二大階級――ブルジョア階級とプロレタリア階級に，だんだんとわかれていく．」大内兵衛・向坂逸郎訳『共産党宣言』（岩波文庫，2007 年）40-2 ページ．

【レーニン】

「工業の巨大な成長と，ますます大規模化していく企業への生産の集中のおどろくほど急速な過程とは，資本主義のもっとも特徴的な特質の一つである．」宇高基輔訳『帝国主義』（岩波文庫，1956 年）28 ページ．

「最新の資本主義の時代は，われわれにつぎのことをしめしている．すなわち，資本家団体の間には，世界の経済的分割を土台として一定の関係が形成されつつあり，そして，これと並んで，またこれと関連して，政治的諸団体の間に，諸国家の間に，世界の領土的分割，植民地のための闘争，『経済的領土のための闘争』を土台として，一定の関係が形成されつつあるということである．」宇高基輔訳『帝国主義』（岩波文庫，1956 年）125 ページ．

引用文献

はじめに

バーリン，小川晃一／小池銈／福田歓一／生松敬三訳（1971）『自由論』みすず書房．

グレイ「序論」ペルチンスキー／グレイ，飯島昇藏／千葉眞訳者代表（1987）『自由論の系譜―政治哲学における自由の概念』行人社．

半澤孝麿（2003）『ヨーロッパ思想史における〈政治〉の位相』岩波書店．

半澤孝麿（2006）『ヨーロッパ思想史のなかの自由』創文社．

第1章

アリストテレス，出隆訳（1959）『形而上学』（上・下）岩波文庫．

アリストテレス，山本光雄訳（1961）『政治学』岩波文庫．

アリストテレス，高田三郎訳（2009）『ニコマコス倫理学』（上・下）岩波文庫．

トゥキュディデス，小西晴雄訳（2013）『歴史』（上・下）ちくま学芸文庫．

プラトン，藤沢令夫訳（2008）『国家』（上・下）岩波文庫．

第2章

『聖書 聖書協会共同訳』（2018）日本聖書協会．

トマス・アクィナス，高田三郎他訳（1961）『神学大全』（第3巻）創文社．

トマス・アクィナス，柴田平三郎訳（2005）『君主の統治について―謹んでキプロス王に捧げる』慶應義塾大学出版会．

第3章

杉田敦・川崎修（2014）『西洋政治思想資料集』法政大学出版局．

ルター，石原謙訳（1955）『新訳 キリスト者の自由・聖書への序言』岩波文庫．

第4章

マキアヴェリ，池田廉訳（2002）『新訳 君主論』中公文庫．

マキアヴェッリ，永井三明訳（2011）『ディスコルシ『ローマ史』論』ちくま学芸文庫．

第5章

モンテスキュー，野田良之／稲本洋之助／上原行雄／田中治男／三辺博之／横田地弘訳（1989）『法の精神』（上・中・下）岩波文庫．

第6章

ホッブズ，水田洋訳（1992）『リヴァイアサン』（第1巻～第4巻）岩波文庫．

第7章

ロック，加藤節訳（2010）『完訳 統治二論』岩波文庫．

第8章

ルソー，桑原武夫／前川貞次郎訳（1954）『社会契約論』岩波文庫．

ルソー，前川貞次郎訳（1968）『学問芸術論』岩波文庫．

ルソー，本田喜代治／平岡昇訳（1972）『人間不平等起原論』岩波文庫．

第9章

トクヴィル，松本礼二訳（2005／2008）『アメリカのデモクラシー』（第1巻（上・下）・第2巻（上・下））岩波文庫．

バーク，半澤孝麿訳（1997）『フランス革命の省察』みすず書房．

ミル，関口正司訳（2019）『代議制統治論』岩波書店．

ミル，関口正司訳（2020）『自由論』岩波文庫．

ミル，関口正司訳（2021）『功利主義』岩波文庫．

第10章

カント，吉澤伝三郎／尾田幸雄訳（1966）「人倫の形而上学」『カント全集』（第11巻）理想社．

カント，宇都宮芳明訳（1985）『永遠平和のために』岩波文庫．

カント，土岐邦夫／観山雪陽／野田又夫訳（2005）『プロレゴーメナ・人倫の形而上学の基礎づけ』中公クラシックス．

ヘーゲル，上妻精／佐藤康邦／山田忠彰訳（2021）『法の哲学―自然法と国家学の要綱』（上・下）岩波文庫．

第11章

サン゠シモン（2001）『産業者の教理問答　他一篇』岩波文庫．

マルクス／エンゲルス，大内兵衛／向坂逸郎訳（2007）『共産党宣言』岩波文庫．

レーニン，宇高基輔訳（1956）『帝国主義』岩波文庫．

第12章

アレント，志水速雄訳（1994）『人間の条件』ちくま学芸文庫．

アレント，志水速雄訳（1995）『革命について』ちくま学芸文庫．

補論

ハミルトン／ジェイ／マディソン，齋藤眞／武則忠見訳（1998）『ザ・フェデラリスト』福村出版．

おわりに

『聖書 聖書協会共同訳』（2018）日本聖書協会．

トクヴィル，松本礼二訳（2005／2008）『アメリカのデモクラシー』（第1巻（上・下）・第2巻（上・下））岩波文庫．

参考文献

ウォーリン，尾形典男／福田歓一／佐々木武／有賀弘／佐々木毅／半澤孝麿／田中治男訳（2007）『政治とヴィジョン』福村出版.

宇野重規（2013）『西洋政治思想史』有斐閣.

小笠原弘親／小野紀明／藤原保信（1987）『政治思想史』有斐閣.

奥和義／髙瀬武典／松元雅和／杉本竜也（2020）『社会科学入門』ミネルヴァ書房.

川出良枝／山岡龍一（2012）『西洋政治思想史—視座と論点』岩波書店.

佐々木毅／鷲見誠一／杉田敦（1995）『西洋政治思想史』北樹出版.

スキナー，半澤孝麿／加藤節訳（1999）『思想史とはなにか—意味とコンテクスト』岩波書店.

堤林剣（2016）『政治思想史入門』慶應義塾大学出版会.

中谷猛／足立幸男編著（1994）『概説西洋政治思想史』ミネルヴァ書房.

半澤孝麿（2003）『ヨーロッパ思想史における〈政治〉の位相』岩波書店.

半澤孝麿（2006）『ヨーロッパ思想史のなかの自由』創文社.

福田歓一（1985）『政治学史』東京大学出版会.

藤原孝（2000）『西欧政治思想史序説—思想の森で現代の問題を探る』三和書籍.

はじめに

金子晴勇（1987）『近代自由思想の源流—16世紀自由意志学説の研究』創文社.

金子晴勇（2021）『ヨーロッパ思想史—理性と信仰のダイナミズム』筑摩選書.

グレイ，山本貴之訳（2001）『自由主義論』ミネルヴァ書房.

田中拓道（2020）『リベラルとは何か—17世紀の自由主義から現代日本まで』中公新書.

バーリン，小川晃一／小池銈／福田歓一／生松敬三訳（1971）『自由論』みすず書房.

森達也（2018）『思想の政治学—アイザィア・バーリン研究』早稲田大学出版部.

ローゼンブラット，三牧聖子／川上洋平訳（2020）『リベラリズム—失われた歴史と現在』青土社.

第1章

アームソン，雨宮健訳（2004）『アリストテレス倫理学入門』岩波現代文庫.

岩田靖夫（1985）『アリストテレスの倫理思想』岩波書店.

岩田靖夫（2010）『アリストテレスの政治思想』岩波書店.

菅豊彦（2016）『アリストテレス『ニコマコス倫理学』を読む』勁草書房.

関根清三（2011）『ギリシア・ヘブライの倫理思想』東京大学出版会.

田中美知太郎（1957）『ソクラテス』岩波新書.

納富信留（2017）『哲学の誕生―ソクラテスとは何者か』ちくま学芸文庫．
藤沢令夫（1998）『プラトンの哲学』岩波新書．
マオラー，永井健晴訳（2005）『プラトンの政治哲学』風行社．
山本光雄（1977）『アリストテレス―自然学・政治学』岩波新書．
リーゼンフーバー（2000）『西洋古代・中世哲学史』平凡社ライブラリー．

第2章

荒井献（1974）『イエスとその時代』岩波新書．
稲垣良典（2019）『トマス・アクィナス『神学大全』』講談社学術文庫．
柴田平三郎（2014）『トマス・アクィナスの政治思想』岩波書店．
田川建三（2004）『キリスト教思想への招待』勁草書房．
宮田光雄（2010）『国家と宗教―ローマ書十三章解釈史＝影響史の研究』岩波書店．
山本芳久（2014）『トマス・アクィナス―肯定の哲学』慶應義塾大学出版会．
山本芳久（2017）『トマス・アクィナス―理性と神秘』岩波新書．
リーゼンフーバー（2000）『西洋古代・中世哲学史』平凡社ライブラリー．
リーゼンフーバー（2003）『中世思想史』平凡社ライブラリー．

第3章

アッポルド，徳善義和訳（2012）『宗教改革小史』教文館．
有賀弘（1997）『宗教改革とドイツ政治思想』東京大学出版会．
ヴェーバー，大塚久雄訳（1989）『プロテスタンティズムの倫理と資本主義の精神』
　　岩波文庫．
奥和義／髙瀬武典／松元雅和／杉本竜也（2020）『社会科学入門』．
小田垣雅也（1995）『キリスト教の歴史』講談社学術文庫．
木部尚司（2000）『ルターの政治思想―その生成と構造』早稲田大学出版部．
佐々木毅（1973）『主権・抵抗・抵抗―ジャン・ボダンの国家哲学』岩波書店．
高田康成（1999）『キケロ―ヨーロッパの知的伝統』岩波新書．
田上雅徳（1999）『初期カルヴァンの政治思想』新教出版社．
堀米庸三（2013）『正統と異端―ヨーロッパ精神の底流』中公文庫．
山内志朗（2008）『普遍論争―近代の源流としての』平凡社ライブラリー．

第4章

厚見恵一郎（2007）『マキアヴェッリの拡大的共和国―近代の必然性と「歴史解釈の
　　政治学」』木鐸社．
奥和義／髙瀬武典／松元雅和／杉本竜也（2020）『社会科学入門』．
鹿子生浩輝（2013）『征服と自由―マキアヴェッリの政治思想とルネサンス・フィレ
　　ンツェ』風行社．
鹿子生浩輝（2019）『マキアヴェッリ―『君主論』を読む』岩波新書．
ポーコック，田中秀夫／奥田敬／森岡邦泰訳（2008）『マキァヴェリアン・モーメン
　　ト　フィレンツェの政治思想と大西洋圏の共和主義の伝統』名古屋大学出版会．

第5章

押村高（1996）『モンテスキューの政治理論』早稲田大学出版部.

川出良枝（1996）『貴族の徳，商業の精神―モンテスキューと専制批判の系譜』東京大学出版会.

定森亮（2021）『共和主義者モンテスキュー―古代ローマをめぐるマキアヴェッリとの交錯』慶應義塾大学出版会.

第6章

梅田百合香（2005）『ホッブズ 政治と宗教―『リヴァイアサン』再考』名古屋大学出版会.

川添美央子（2010）『ホッブズ 人為と自然―自由意志論争から政治思想へ』創文社.

奥和義／高瀬武典／松元雅和／杉本竜也（2020）『社会科学入門』.

田中浩（2016）『ホッブズ―リヴァイアサンの哲学者』岩波新書.

福田歓一（1971）『近代政治原理成立史序説』岩波書店.

藤原保信（2008）『藤原保信著作集1 ホッブズの政治哲学』新評論.

第7章

一ノ瀬正樹（2016）『英米哲学史講義』ちくま学芸文庫.

奥和義／高瀬武典／松元雅和／杉本竜也（2020）『社会科学入門』.

加藤節（1980）『近代政治哲学と宗教』東京大学出版会.

加藤節（2018）『ジョン・ロック―神と人間との間』岩波新書.

冨田恭彦（2017）『ロック入門講義―イギリス経験論の原点』ちくま学芸文庫.

福田歓一（1971）『近代政治原理成立史序説』岩波書店.

松下圭一（2014）『ロック『市民政府論』を読む』岩波現代文庫.

渡邊裕一（2020）『ジョン・ロックの権利論―生存権とその射程』晃洋書房.

第8章

奥和義／高瀬武典／松元雅和／杉本竜也（2020）『社会科学入門』.

川合清隆（2007）『ルソーとジュネーヴ共和国―人民主権論の成立』名古屋大学出版会.

小林善彦（2001）『誇り高き市民―ルソーになったジャン＝ジャック』岩波書店.

土橋貴（2011）『概論 ルソーの政治思想―自然と歴史の対立およびその止揚』御茶の水書房.

福田歓一（1971）『近代政治原理成立史序説』岩波書店.

福田歓一（2012）『ルソー』岩波現代文庫.

吉岡知哉（1988）『ジャン＝ジャック・ルソー論』東京大学出版会.

小括

奥和義／高瀬武典／松元雅和／杉本竜也（2020）『社会科学入門』.

関谷昇（2003）『近代社会契約説の原理―ホッブズ，ロック，ルソーの統一的再構成』東京大学出版会.

福田歓一（1971）『近代政治原理成立史序説』岩波書店.

第9章

宇野重規（1998）『デモクラシーを生きる―トクヴィルにおける政治の再発見』創文社.

宇野重規（2016）『保守主義とは何か―反フランス革命から現代日本まで』中公新書.

宇野重規（2019）『トクヴィル―平等と不平等の理論家』講談社学術文庫.

川上洋平（2013）『ジョゼフ・ド・メーストルの思想世界』創文社.

岸本広司（2000）『バーク政治思想の展開』御茶の水書房.

小泉仰（1997）『J.S.ミル』研究社出版.

柴田三千雄（2007）『フランス革命』岩波現代文庫.

関口正司（1989）『自由と陶冶―J.S.ミルとマス・デモクラシー』みすず書房.

高山裕二（2011）『トクヴィルの憂鬱―フランス・ロマン主義と〈世代〉の誕生』白水社.

田中治男（1970）『フランス自由主義の生成と展開―十九世紀フランスの政治思想研究』東京大学出版会.

中野好之（1977）『評伝バーク―アメリカ独立戦争の時代』みすず書房.

松本礼二（1991）『トクヴィル研究―家族・宗教・国家とデモクラシー』東京大学出版会.

松本礼二（2011）『トクヴィルで考える』みすず書房.

第10章

網谷壮介（2018）『カントの政治哲学入門―政治における理念とは何か』白澤社.

網谷壮介（2018）『共和制の理念―イマヌエル・カントと一八世紀末プロイセンの「理論と実践」論争』法政大学出版局.

石川文康（1995）『カント入門』ちくま新書.

石川文康（1996）『カント―第三の思考　法廷モデルと無限判断』名古屋大学出版会.

加藤尚武編（2012）『ヘーゲル「精神現象学」入門』講談社学術文庫.

金慧（2017）『カントの政治哲学―自律・言論・移行』勁草書房.

権左武志（2010）『ヘーゲルにおける理性・国家・歴史』岩波書店.

権左武志（2013）『ヘーゲルとその時代』岩波新書.

キューン，菅沢龍文／中澤武／山根雄一郎訳（2017）『カント伝』春風社.

藤原保信（2007）『藤原保信著作集2　ヘーゲルの政治哲学』新評論.

村岡晋一（2012）『ドイツ観念論　カント・フィヒテ・シェリング・ヘーゲル』講談社選書メチエ.

第11章

カー，塩川伸明訳（2000）『ロシア革命―レーニンからスターリンへ，1917-1929年』岩波現代文庫.

熊野純彦（2018）『マルクス―資本論の哲学』岩波新書.

佐々木隆治（2016）『カール・マルクス―「資本主義」と闘った社会思想家』ちくま新書.

シュバリエ，喜安朗／木下賢一／相良匡俊訳（1993）『労働階級と危険な階級』みす

ず書房.

関嘉彦（2007）『民主社会主義への 200 年―フランス革命からポスト冷戦まで』一藝社.

田中拓道（2006）『貧困と共和国―社会的連帯の誕生』人文書院.

中沢新一（2017）『新版 はじまりのレーニン』岩波現代文庫.

中嶋洋平（2018）『サン゠シモンとは何者か―科学，産業，そしてヨーロッパ』吉田書店.

ミュッソ，杉本隆司訳（2019）『サン゠シモンとサン゠シモン主義』白水社文庫クセジュ.

リュベル／マネイル，角田史幸訳（2021）『神話なきマルクス―その生涯と著作に関する編年史研究』現代思潮新社.

第 12 章

カノヴァン，寺島俊穂／伊藤洋典訳（2004）『アレント政治思想の再解釈』未來社.

川崎修（2014）『ハンナ・アレント』講談社学術文庫.

寺島俊穂（2006）『ハンナ・アレントの政治理論―人間的な政治を求めて』ミネルヴァ書房.

中岡成文（2018）『増補 ハーバーマス―コミュニケーション的行為』ちくま学芸文庫.

ハーバーマス，細谷貞雄／山田正行訳（1994）『公共性の構造転換―市民社会の一カテゴリーについての探究（第 2 版）』未來社.

森川輝一（2010）『〈始まり〉のアーレント―「出生」の思想の誕生』岩波書店.

矢野久美子（2014）『ハンナ・アーレント―「戦争の世紀」を生きた政治哲学者』中公新書.

山口定（2006）『ファシズム』岩波現代文庫.

補論

明石紀雄（2000）『トマス・ジェファソンと「自由の帝国」の理念―アメリカ合衆国建国史序説』ミネルヴァ書房.

齋藤眞（1992）『アメリカ革命史研究―自由と統合』東京大学出版会.

ジェファソン，中屋健一訳（1972）『ヴァジニア覚え書』岩波文庫.

古矢旬（2002）『アメリカニズム―「普遍国家」のナショナリズム』東京大学出版会.

おわりに

岡野八代（2009）『シティズンシップの政治学―国民・国家主義批判 増補版』白澤社.

岡野八代（2012）『フェミニズムの政治学―ケアの倫理をグローバル社会へ』みすず書房.

金子晴勇（1987）『近代自由思想の源流―16 世紀自由意志学説の研究』創文社.

ペイトマン，中村敏子訳（2017）『社会契約と性契約 近代国家はいかに成立したのか』岩波書店.

ローゼンブラット，三牧聖子／川上洋平訳（2020）『リベラリズム 失われた歴史と現在』青土社.

索引

事項

著者紹介

杉 本 竜 也
すぎ もと たつ や

日本大学法学部准教授．1974 年生まれ．日本大学大学院法学研究
科博士後期課程修了．博士（政治学）．
著書に，『社会科学入門』（共著）（ミネルヴァ書房，2020 年），『ソ
ーシャル・キャピタルと市民社会・政治』（共著）（ミネルヴァ書房，
2019 年），「社会契約説とケアの倫理における人間像・市民像の比
較考察　理性の絶対視・絶対化の功罪」『法学紀要』（第 60 巻，
2019 年）など．

自由を考える
西洋政治思想史　　　　　　　　［シリーズ政治の現在］

2022 年 4 月 15 日　第 1 刷発行

定価（本体 3000 円＋税）

著　者　杉　本　竜　也

発 行 者　柿　﨑　　　均

発 行 所　株式会社　日本経済評論社

〒 101-0062 東京都千代田区神田駿河台 1-7-7
電話 03-5577-7286　FAX 03-5577-2803
E-mail: info8188@nikkeihyo.co.jp

装丁・渡辺美知子　　　　　　　　中央印刷／根本製本

落丁本・乱丁本はお取替えいたします　　Printed in Japan

［シリーズ政治の現在］

自治のどこに問題があるのか：実学の地方自治論

野田遊　本体 3000 円

公共の利益とは何か：公と私をつなぐ政治学

松元雅和　本体 3000 円

変化する世界をどうとらえるか：国際関係論で読み解く

杉浦功一　本体 3000 円

戦争と民主主義の国際政治学

宮脇昇　本体 3000 円

自由を考える：西洋政治思想史

杉本竜也　本体 3000 円

〈以下続刊〉

政治と経済はどうつながっているか：公共選択論

羽田翔

「政策を考える」を考える：メタレベルからの公共政策論

松田憲忠

日本経済評論社